食べた！ 見た！
死にかけた！
「運び屋女子」一人旅

片岡恭子

講談社

私の仕事は運び屋ー
こう言うと大抵の人は…
麻薬!?
臓器売買!?
そんな想像をして、私を怪しげな目で見ますー
仕事の内容はというと
メキシコに飛んでくれ
了解《ラジャー》!
今すぐ向かう!
ザッ!!
ポテチ
そして物《ブツ》を受け取りー
飛行機に飛び乗ります

実はこれ…
スッ…
企業の海外工場で部品が足りなくなったらラインがストップしちゃうので
部品がないぞー
その部品を受け取り
現地の企業に届ける仕事なんです
まー、国際バイク便みたいなもんです
私がこのような仕事につけた理由は…
その一つに英語とスペイン語が話せることがあります。
ハロー
オラ
特にスペイン語ができるのが大きかったようです
スペイン語
Uno dos tres

私がスペイン語を学び始めたのは、「南米に行きたい」と思ったのがきっかけです。
1998年スペイン留学のためにマドリードに向かうのですが
そこで私のフツーでない人生の幕が開きました…
まっとう側
そうじゃない!側
フツーでない、そう…
首絞め強盗
感電
誘拐未遂
食中毒
雪山遭難
耳落ちる
ボタ
日本にいればこんな体験しなかったろうに…という私の旅行記。しばしおつき合いいただければ幸いです。

Contents

＊本書の内容は著者の体験記であり、実際に旅行する際は現地の情報を確認の上お出かけください。

第1章

ヨーロッパ

エリア

スペイン

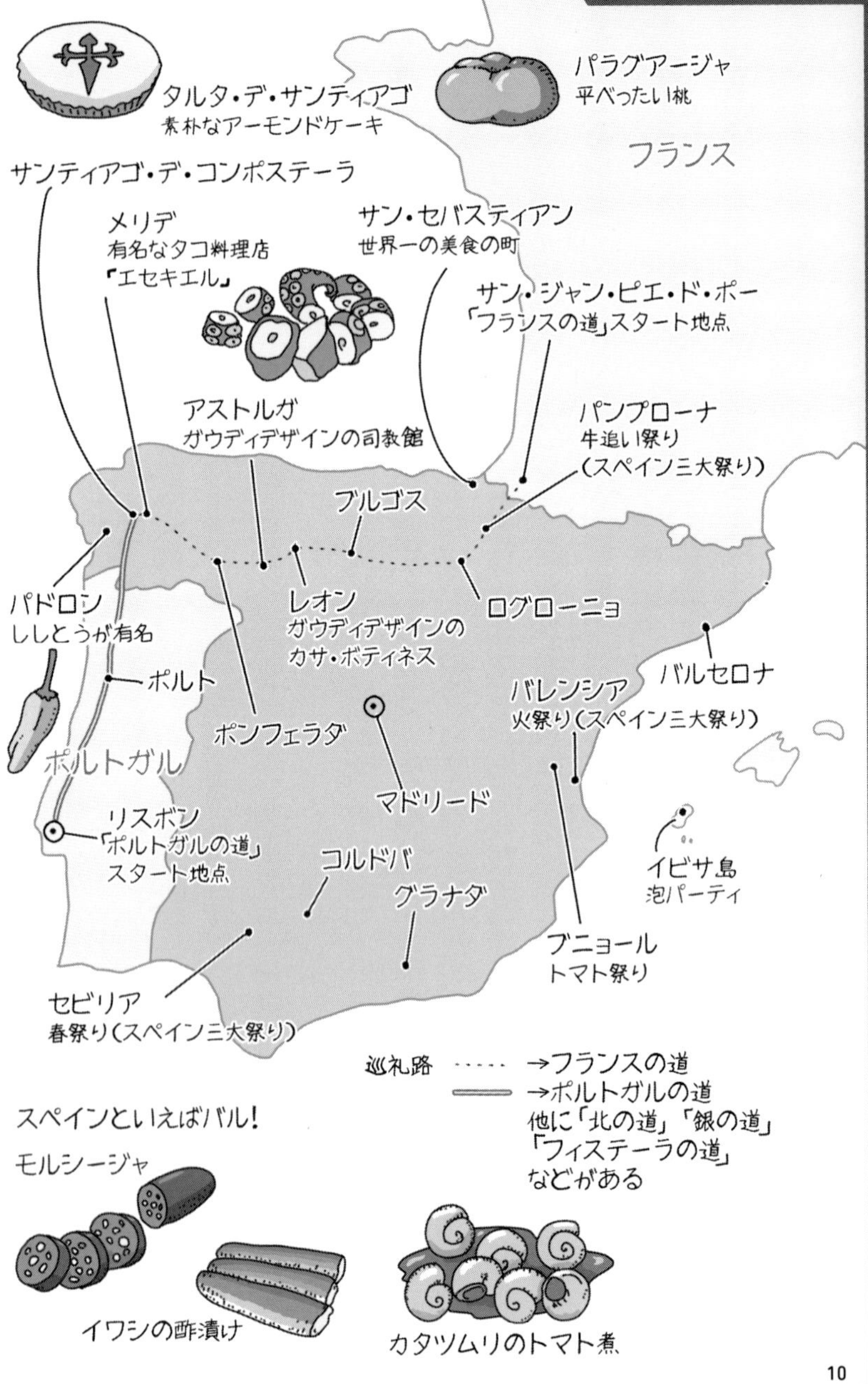
タルタ・デ・サンティアゴ
素朴なアーモンドケーキ
パラグアージャ
平べったい桃
フランス
サンティアゴ・デ・コンポステーラ
メリデ
有名なタコ料理店
「エセキエル」
サン・セバスティアン
世界一の美食の町
サン・ジャン・ピエ・ド・ポー
「フランスの道」スタート地点
アストルガ
ガウディデザインの司教館
パンプローナ
牛追い祭り
（スペイン三大祭り）
ブルゴス
パドロン
ししとうが有名
レオン
ガウディデザインの
カサ・ボティネス
ログローニョ
バルセロナ
ポルト
バレンシア
火祭り（スペイン三大祭り）
ポンフェラダ
ポルトガル
マドリード
リスボン
「ポルトガルの道」
スタート地点
イビサ島
泡パーティ
コルドバ
グラナダ
ブニョール
トマト祭り
セビリア
春祭り（スペイン三大祭り）
巡礼路
→フランスの道
→ポルトガルの道
他に「北の道」「銀の道」
「フィステーラの道」
などがある
スペインといえばバル！
モルシージャ
イワシの酢漬け
カタツムリのトマト煮

１９９８年、留学のため初めてスペインを訪れた。

そのときのスペインの通貨はまだペセタだった。当時は日本円が強かったのでスペイン滞在は割安感があった。

それが留学中に欧州統合が決まり、ペセタが急に上がり始めた。３年後にユーロが導入されるまでの間、ものの値段はペセタとユーロの両方で表示されていた。過去5回渡西しているが、最初の２回はまだペセタで、ユーロになってからは２００９年が初めてだった。最初のスペイン滞在は１９９８年から翌年にかけて、マドリード・コンプルテンセ大学に留学した。

留学とはいえ、３ヵ月ごとの外国人スペイン語コースなのでレベル分けの試験はあったが入学試験はなかった。欧米からの留学生は母国で通う大学の単位のために必死だが、とっくに大学を卒業している私は気楽なもの。

退職してから1年以内に3回の雇用保険をもらい終えるために、３学期目を短いコースに変更して早めに切り上げていったん帰国した。

スペインからグアテマラへ

大学の外国人スペイン語コースは、私立の語学学校に比べて授業料は安いのだが、一クラスの人数が多くて会話の練習にはならない。そこで、スペインに戻るのはやめて、2000年に半年ほど中米グアテマラに出直した。

大航海時代の16世紀にスペインがラテンアメリカの大部分を植民地としたため、グアテマラはスペイン語圏なのである。グアテマラの語学学校はマンツーマンが基本で授業料も安い。そのぶん、治安もインフラもヨーロッパほどよろしくはない。

スペインにいたときは「スペインっていいかげんだなあ」と常々思っていたのだが、グアテマラに来て「スペインって実はまともだったなあ」としみじみ感じ入った。

2001年にグアテマラから帰国した後は日本で半年以上寝こんだ。体はどこも悪くなかったのだが気力がなにも湧かなかった。完全に病んでいた。

それは、大学のときから10年つき合った彼氏と別れたからだ。母親と折り合いが悪いのに実家に戻ったのもよくなかった。

私が15歳のとき、父親は過労死していた。母親は悪い人ではなかったし、とても感謝はしているのだが、一緒にいたいような人ではなかった。

彼氏も私にはもったいないような人だったが、一緒にいるためには私がずっと自分を殺さなければならなかった。どうにも八方ふさがりだったのでスペインやグアテマラに逃げたのだと今にして思う。

2001年、私の背中を押した同時多発テロ～2度目のスペイン

この年にアメリカ同時多発テロ事件が起きた。一日中ずっと眠り続けていたので昼も夜もなかった。夜更けになんとはなしにテレビをつけたら、ツインタワーに旅客機がつっこんで崩落していた。その後、大学時代の友人からメールが来た。ワールドトレードセンター内の邦銀に勤める彼女の先輩が行方不明なのだという。ニューヨーク駐在なんて出世街道だろうに、同じ大学を出て順風満帆な人もいきなりこんな目に遭うことがあるのだな。精神科のある病院への長期入院も考えていた矢先、じゃあ、せいぜい好きなところに行って好きなことをしないと……と思ったのだ。

1999年に引き揚げたスペインには貯金が残っていた。留学ビザを取るのに銀行の残高証明書が必要だったので現地の銀行に口座を開いていたのだ。

スペインにそれを取りに行きさえすれば、またしばらく日本にいなくてすむ。

そうだ、ラテンアメリカへ行こう。なんのあてもないけれど。たとえコロンビアで撃ち殺されても、旅の資金が尽きてイグアスの滝に飛びこんでも別にかまわない。

一番好きな人とも血がつながっている人ともうまくいかなかったのだから、日本にいようとも外国にいようともどうせ誰ともわかり合えない。

スペインで命の危機～首絞め強盗

9・11テロの2ヵ月後、スペインの銀行口座から預金を全額引き出すために、再びスペインの地に降り立った。

その日は、銀行の営業時間を日本と同じ15時までと思い違いをして、14時の閉店時間に間に合わず、口座を解約できなかった。

しかたなくマドリードの町の写真を撮ったりしながらぶらぶらしていた。私は見るからに弱っていたのだろう。さらに、知っているところだからと油断したのもまずかった。

工事用のフェンスでおおわれていたピソ（集合住宅）に入ったとたんに、後ろから首に腕が回り、羽交い締めにされた。

声にならない声を上げたことと、背後の犯人を蹴ろうとして宙に浮いた足をばたつかせたことはよく覚えている。気絶していたのはほんの数分だったと思う。

腰のあたりの冷たさに目を覚ますと、泊まっていた民宿が入っているピソの入り口で伸びていた。冷たいのは失禁していたからだった。

当時、マドリードで横行していた首絞め強盗だった。

プロレス技のスリーパーホールドとかチョークスリーパーとかいう手口だ。ピソの少し手前にある日本食レストランのあたりで怪訝《けげん》そうにこちらを見ている人がいたので、もうそのときにはすでに後ろを犯人がつけてきていたのだろう。

犯人の腕しか見ていないが、明らかに一般的なスペイン人よりも肌の色が浅黒かった。かといってアフリカ系ではない。おそらくラテンアメリカからの移住者だと思う。後に南米でボリビアの首都ラパスが首絞め強盗の本場だと聞いた。

不運は無知が招く

着ていたフリースジャケットのポケットが切り取られていた。入れていた財布はポケットごと持っていかれた。犯人は刃物を持っていたのである。

うまく気絶したのは不幸中の幸いだった。首を絞められてもがいたら切りつけられた日本人の話を聞いていた。

財布に入れていたのは銀行のキャッシュカードとクレジットカードだけで、ジーンズの前ポケットに入れていた数千ペセタ（数千円）の現金は盗《と》られずにすんだ。ＣＤと携帯プレイヤーを持っていかれたのは覚えているが、他になにを盗まれたのかは思い出せない。それほど必要のないものだったのだろう。

パスポートは民宿に預けていて無事だった。当時のスペインの民宿はＩＤと引き換えに鍵を渡す決まりだった。フリーダイヤルだから保険会社に電話をかけさせて、という頼みは聞いてくれなかったが、財布と一緒に持っていかれた鍵はピソ内で起きたことだから弁償しなくてもいい、と民宿のオーナーは言った。

カードを止めようと外に出たところで、たばこを吸っていた男に最寄りの公衆電話の場所を教えてもらった。

まず、銀行とクレジット会社に電話してカードを止めた。失禁で汚れた服を淡々と洗い、警察で盗難届を書いた。記入はスペイン語か少なくとも英語でするのだが、日本人の被害があまりに多いので、日本語で書かれた盗難届の用紙が一応出てきた。

さすがに翌日は学生街モンクロアのユースホステルに宿替えをして、預金をすべて米ドルの現金とトラベラーズチェックに替えて銀行口座を閉じた。

学生相手の旅行代理店で南米チリ行きのチケットを買い、ただ着々と準備を整える。

南米へ飛ぶ前にスペインで強盗に襲われたおかげで、この後ラテンアメリカでは一度も強盗には遭わなかった。

しばらくは日中でも後ろから足音が近づいてくると体がすくんだが、つけられていないか頻繁に後ろを振り返る癖がついた。

ATMでお金を下ろしたり、銀行で両替したりした後はなおのこと。あらかじめ手口や傾向を知っていれば、対策は打てる。

ここから先はスペインどころではない世界だ。不運だから犯罪被害に遭うのではない。その前に無知が不運を招いていることがほとんどだ。

スペイン留学時代の思い出

マドリードに留学する前、日本でスペイン語を習っていた。スペインでつくられたスペイン語の初心者用のテキストに、いきなり「レッカー車」や「水道修理人」という単語が出てくる理由は、現地に着いてすぐにわかった。

とにかく路上駐車が多くてレッカー移動をよく見かける。

縦列駐車で前と後ろに止めてある2台の車のバンパーにわざとぶつけてスペースを無理やりこじ開けて車を出しているのを何回見たことか。バンパーの使い方をスペインに来て初めて知った。バンパーに当たるくらいは追突とは見なされていない。

同じくスペインは安普請だらけでガスは漏れるわ、水は吹き出すわなのだが、修理人を呼んでも直るとはかぎらない。たとえ直ったとしてもひどく不格好になったりするのがスペインなのだ。

マドリード市内で一戸建てに住んでいるのは国王と首相だけではないだろうか。金持ちは郊外の豪邸に住み、庶民は「ピソ」に住んでいる。

スペインにはお年寄りの話し相手になったり、ベビーシッターをしたりする代わりに、家賃無料で住みこむ「オペル」という制度がある。留学中、サッカーのレアルマドリードの本拠地サンティアゴ・ベルナベウにほど近いピソにオペルで92歳のおじいさんと住んだことがある。

ある日、介護士さんが大声を上げたので駆けつけると、台所の流し台が崩壊していた。シンクが落ちないように両手で抱えている彼女の足元にしゃがんで、崩れ落ちたパーツをあわてて元のように組み立てた。

流し台に釘《くぎ》もねじも接着剤もなにも使われていないことに、ただただびっくりした。地震も台風もないとこういうことになるのか、はたまた手抜きなのかはわからないが、その後もなにごともなかったかのように流し台を使っていた。

心臓が肋骨《ろっこつ》に当たった瞬間、死を覚悟

このピソでは、それまでの人生で一番恐ろしい目に遭った。

初めて「死」を身近に感じた。

夕食を電気コンロで料理中、煙を逃がそうと窓のサッシに手をかけた瞬間だった。

「あっ！」

右手から左足に電流が抜けるのがわかった。感電したのだ。

電流が体を通り抜ける瞬間、バクンと膨れ上がった心臓が肋骨にあたったのが、はっきりとわかった。

手が濡れていたのがまずかったのだが、右利きなのが幸いした。もし左手で窓を開けていたら、心臓を電気が直撃して死んでいたかもしれない。

左足から電流が抜けた後、すぐにコンロを切り、しばらくうずくまっていた。

死ぬかと思った。漏電していたのだ。この一件で「やっつけ仕事」というスペインで暮らすための最重要単語を覚えた。

なおこのピソではオートロックでベランダに3時間ほど閉め出されたこともある。オートロックで閉め出しといえば、ホテルやマンションの玄関のドアあるあるだが、スペインは横にスライドする引き違い窓がオートロック式なのだ。

同居していた92歳のおじいさんが、深夜に廊下を何往復もしながら見舞いに来てくれない家族への不満を大声で言っているのが聞くに堪えず、3ヵ月くらいでオペルを辞めた。

その後、国営の名画座シネ・ドレの近く、アントン・マルティンに引っ越した。

シェアメイトのコロンビア人をはじめ、隣人は全員ラテンアメリカの人だった。スペインではマリファナの使用は合法なのでピソはいつもマリファナのにおいがした。ピソでもそんなだから、ディスコでは吸っていなくても副流煙でマリファナを吸っているようなものだった。

よく家に出入りしていたホセというスペイン人大学生が、食品用のラップで包んだ太めのソーセージ大の白い粉をナイフで切り売りしているのをディスコで見かけたことがあるので、もしかしたらうちのピソはいろいろなものの巣窟だったのかもしれない。

水たまり？　いえ、血だまりです

家賃が安いところは総じて治安が悪い。治安が悪いところは移住者が多い。大学に行こうと近所を歩いていると、人一人分くらいの血だまりがあった。建物のドアには血の手形がべったりついていた。

おそらく、刺された誰かが助けを求めたのだろう、チョークで人型は描かれていなかったので死んではいない。

テレビでニュースを見ていてもサイコパスな殺人事件は皆無で、けんかをしてナイフで刺したとか、殴ったら打ちどころが悪かったとか、スペインの殺人事件は精神的に病んでない動機ばかりだった。

夜遅い時間にはさすがに手ぶらでなるべく大通りを歩くのが常だった。ところどころにジャンキーがいたが、彼らは暗がりから手を伸ばして「たばこの火、持ってない？」とたまに聞いてくるくらいで驚きはすれども人畜無害だった。

一度、猛スピードで走ってきた車がハンドルを切り損ねてきれいに横に一回転したのを見た。天井で着地して、さらに元通りにタイヤで着地した。まるで映画みたいだった。

数秒の静寂の後、人が二人降りてきて車を眺めていた。大丈夫そうなので救急車は呼ばずに立ち去った。

サンティアゴ・デ・コンポステーラを詣《もう》でる巡礼路

２００９年と２０１０年に巡礼路を歩くために2年続けてスペインを訪れた。

四国のお遍路のような巡礼路がスペインにもある。カトリックの聖地サンティアゴ・デ・コンポステーラを詣でる巡礼路は、スペイン側もフランス側も別々に世界遺産として登録されていて、大まかにスペイン側には9ルート、フランス側には4ルートある。

２００９年は「フランスの道」７８０キロを、２０１０年は「ポルトガルの道」をポルトガルのポルトから２３８キロ歩いた。

マドリード留学中、大学の休みにバスでサンティアゴ・デ・コンポステーラに行った。

途中で通ったアストルガという町で奇妙な建物が見えた。ガウディだった。

彼の作品は曲線が美しいので一目でわかる。ガウディがカタルーニャ出身なので、作品のほとんどがバルセロナに集中している。バルセロナにあるものはほとんど見て回った。アストルガでガウディがつくった司教館がバスの車窓から見えたときから、いつか巡礼路を歩きたいと思っていた。

バルセロナ以外にあるガウディの作品は珍しいのだが、他に巡礼路にはレオンにカサ・ボティネスがある。

ヨーロッパ旅行はどの国でも城と教会と美術館の連続だが、サンティアゴ巡礼路は180度違う。巡礼宿は安いし、教会や修道院にも泊まれる。ガウディだけでなく、文豪ヘミングウェイゆかりの地もある。

巡礼者はカトリック信徒である必要はなく、むしろ熱心な信者は少数派。フランスの道を歩いているのはフランス人が圧倒的に多いが、はるばるイタリアやドイツから歩いてきた強者《つわもの》にも出会った。

フランスの道を歩いたときは、フランス人にもイタリア人にもドイツ人にも韓国人にもよくしてもらった。ペースが同じくらいの人とは毎日顔を合わすので、たとえ言葉がわからなくても自然とお互いに挨拶を交わすようになる。

日本に興味があるオランダ人のおにいちゃんはとてもいいやつだったが、寒い国の人なので暑さに弱く、いつの間にか見かけなくなってしまった。強行日程でヨーロッパ旅行に来たアルゼンチン人のおっちゃんとイタリア在住のボリビア人青年が飛脚のように足が速く、あっという間に抜かれてそのまま二度と会うことはなかった。

韓国ではサンティアゴ巡礼の体験談を書いた本がベストセラーになったそうだ。元々キリスト教徒が多いこともあり、アジアからの巡礼者は韓国人が一番多い。


ポルトガルの道を歩く前に左足をひねった。1986年にチベット仏教の高僧の生まれ変わりがスペイン南部に生まれたことがあったのだが、彼の故郷である仏教徒の村を訪ねようとしてグラナダの山中でくじいたのだ。

おかげで村にはたどりつけず、ポルトガルの道は左足を紫色にパンパンに腫らしたまま歩いた。病院に行けば確実にドクターストップがかかるので、日本に帰国してから診てもらうと「かなり痛かったはずですよ。これでよく歩きましたね」。

あれから10年近く経《た》ったがまだ少し内出血の腫れが残っている。道中、全然痛くなかったのは神のご加護だったのかもしれないし、ただ鈍いだけなのかもしれない。

巡礼中に亡くなる人も

ポルトガルの道では見かけなかったが、フランスの道には道半ばにして倒れた巡礼者の墓標がいっぱい立っている。

日本人の巡礼者に会うことはまれなのに、こんなところで倒れたら病院に運ばれるまで何時間かかるのかと気が遠くなるような山の中に日本人の墓標もあった。

夏だったので気温が40度を超えた日が28日歩いたうちの3、4日はあった。500ミリリットルのペットボトルを4本用意しても目的地までに水が足りなくなったこともある。実際、熱中症で病院に運ばれた人もいたし、私自身も毎日軽い頭痛に悩まされた。780キロを35日かけて歩くのが平均らしいが、1日20キロ以上を1ヵ月以上歩き続けることはかなり過酷なのだ。

巡礼路での楽しみの一つ。巡礼路食事情

毎日歩くとなにを食べてもおいしい。

スペインでは一日で一番重い食事は昼食なのだが、おなかいっぱいでは歩けないので巡礼中はどうしても昼食が軽く、夕食が重くなる。沿道の店もよく心得ていて、夕食に昼用

の定食を出してくれる。

巡礼中は体を酷使するのでとにかく肉を食べなければやってられない。付け合わせのアスパラガスとパプリカは初夏が旬だが、この時季のものはみずみずしくておいしい。オリーブオイルで焼いて塩をふったパドロン産のししとうも最高。巡礼路ならではのデザートはタルタ・デ・サンティアゴというアーモンドケーキが素朴な味わい。パラグアージャという平べったい桃を市場で見つけたら絶対買うべし。

メリデにはエセキエルという有名なタコ料理専門店があり、フランスの道を歩く巡礼者は必ずと言っていいほど立ち寄る。専用の洗濯機で回して柔らかくしたタコをゆで、一口サイズにはさみで切り、パプリカと岩塩をかけてオリーブオイルをたらしたタコのガリシア風がおいしい。タコはスペイン語でpulpo（プルポ）だが、日本にタコを輸出しているスペイン沿岸部では「タコ」でも通じる。

巡礼中はよく沿道のバルでお昼に生ハムのバゲットサンドをテイクアウトした。バルはカフェでもあり、バーでもある。

昼はお年寄りが和気藹々《わきあいあい》と語らい、夜はテレビで地元サッカーチームを応援する地区の寄合所でもある。

巡礼者にとっては給水所であり、陸の灯台である。フランスの道が通っているブルゴスのバルでは、名物の米の入ったモルシージャ（血のソーセージ）とフレッシュチーズがおいしかった。スペイン中どこでも食べられる定番のつまみでは、イワシの酢漬けとカタツムリのトマト煮が好きだ。

7月25日の聖ヤコブ（スペイン語で「サンティアゴ」）の日が日曜日にあたる年は聖年である。聖年のみに開かれる赦《ゆる》しの門をくぐれば、すべての罪が許されるとされる。

来《きた》る2021年は11年ぶりの聖年だ。今度はスペイン北部の海岸に沿って歩く北の道854キロを歩きたい。リアス式海岸なのでアップダウンは激しいだろうが、海の幸、山の幸に恵まれたバスク地方をじっくり歩くルートだ。

しかも、世界一の美食の町として名高いサン・セバスティアンを経由する。本場でバスク豚の生ハムとガトーバスクを食べたい。ビスケー湾でとれた大好物のマテ貝もたらふく食べたい。ヨーロッパの食材としてはムール貝のほうが知られているが、マテ貝とは比べものにならない。

美食ルートの「北の道」もよいが、スペイン南部アンダルシアから北上する「銀の道」968キロも捨てがたい。2021年までゆっくり悩むとしよう。

第2章

ラテンアメリカ

エリア

グアテマラ

グアテマラ
メキシコ
ペテン・イツァ湖
ティカル遺跡
世界遺産。マヤ代々の
神殿都市跡
フローレス
レストラン『ラ・メサ・デ・ロス・マヤス』では
マヤのジビエが楽しめる
アルマジロ
テペスクイントレ
ベリーズ
リビングストン
ガリフナ（アフリカ系移住者）の町
トドス・サントス・クチュマタン
男性が編物、女性が織物をするマム民族の村
イサバル湖
グアテマラシティ
サン・アンドレス・イツァパ
民間信仰サン・シモン
セムク・チャンペイ
グアテマラの九寨溝
ホンジュラス
テクン・ウマン
アンティグア
エスキプーラス
黒いキリスト像
ケツァルテナンゴ
通称シェラ。グアテマラ第2の都市
先住民の村と温泉めぐりの拠点
エルサルバドル
ビオトポ・デル・ケツァール
「火の鳥」のモデルになったケツァールの保護区

２０００年、留学先をスペインからグアテマラに変えたため、初めて太平洋を渡った。アメリカからメキシコに入ったとたん、いきなり英語からスペイン語になるわけもなく、ロサンゼルスではすでにスペイン語で事足りた。

ロサンゼルスの治安が悪いエリアにある、サンディエゴ行きのバスターミナルまでやむをえずタクシーに乗った。何人もの白人のごっついホームレスがドラム缶の焚《た》き火にあたっているのがタクシーから見えた。

それに引き換え、危ないメキシコの中でも特に危険といわれるティファナへの国境越えは拍子抜けするほどあっさりしていた。

ところが、メキシコのタパチュラからグアテマラのテクン・ウマンに入るといきなり無秩序が待ちかまえていた。

ここが中米の始まりで、メキシコ合衆国はたしかにアメリカ合衆国と同じ北米にあった。セマナサンタ（聖週間）をグアテマラのアンティグアで見るために、メキシコはかなりすっとばして南下してきた。

地べたをはいずるように、じっくりメキシコを眺めながらグアテマラにたどりついていれば、いきなりカオスに紛れこんだようには感じなかったのかもしれない。

荷物がなくなり、謝礼を脅し取られる

中米の始まり、グアテマラのテクン・ウマンでさっそく荷物がなくなった。

おそらくこれは故意に盗んだのではなく、ただの手違いだったと思うのだが、もしかしたらそういう手口だったのかもしれない。

目的地へ行くバンの天井に荷物を積むのだが、何台もひしめき合って止まっているから、別のバンに荷物が積まれてしまったのだ。荷物を積んだバンを追跡、ものの10分足らずで手元に荷物が戻ったまではよかった。

しかし、追跡してくれたバンの運転手二人組に現地通貨で宿1泊分にあたる7米ドルほどを謝礼で渡したところ、態度が豹変《ひょうへん》、もっとよこせとすごんで車から降ろしてくれない。もちろん米ドルは現金で持っていたのだが、トラベラーズチェックしかないと言い張って様子を見る。もう銀行は開いていていない時間だ。

ようやく彼らが見つけてきた万屋《よろずや》でトラベラーズチェックを換金させられた。手持ちのチェックで最小額面の20米ドルだけ換金してやっと解放された。

謝礼というよりも脅し取られたというほうがあてはまる。

グアテマラ、アンティグアへ

そもそもアンティグアに来たのはスペイン語の勉強を続けるためだった。ホームステイをしてみようかと考えていたが、市場で昼ごはんを食べてそれは無理だと悟った。正直、グアテ飯はまずかった。ホームステイはやめて自炊できる日本人宿に泊まることにした。それが今となってはアンティグアの我が家、ペンション田代である。

中米グアテマラのアンティグアは、北米から南下、南米から北上するバックパッカーの交差点である。

メキシコはなんとかやりすごしたものの、中米、南米と続いていくスペイン語しか通じない国々にそなえて、旅行に必要な最低限のスペイン語を学ぶのがアンティグアだった。それはつまり、メキシコよりもグアテマラのほうが、物価が安くてすごしやすいということ。またラテンダンスのサルサを習っている人も多かった。日本人だけでなく、外国人旅行者もアメリカ人の年金生活者もけっこういた。

スペイン語学校、おしゃれなカフェ、センスのよいみやげもの店、外国料理店など、ほどほどに観光地化されていてすごしやすい。常春アンティグアは、石畳が美しいコロニアル様式の世界遺産の街だ。

グアテマラ・バックパッカー事情

グアテマラの前にいたスペインでは、日本人旅行者と話すことはなかった。ヨーロッパは日本人だらけなので同胞だからという理由だけで親しくすることはなかった。

ところが、グアテマラだけでなく、ラテンアメリカでは日本語で情報交換するために日本人とあれば声をかける。しばらく徒党を組んで一緒に旅行したりもする。

当時、アンティグアでは「レフヒオ」という名の安宿に日本人バックパッカーが集まっていた。できたばかりの「ペンション田代」には、スペイン語やサルサの長期滞在者が多く、変わり種としては明治時代にアンティグアで写真店を開いていた屋須弘平《やすこうへい》という日本人を研究している大学院生もいた。

レフヒオの屋上でも田代のキッチンでも毎晩シェア飯の宴《うたげ》が開かれた。

グアテマラで普通にしょうが焼きなど日本食を食べていた。まれに市場で手に入るイグアナの炊きこみごはんが出てきたこともあった。グアテマラの隣国、英語圏のベリーズでは、イグアナは「バンブーチキン」と呼ばれている。それほどイグアナの味は鶏肉に近い。

「アタバル」という日本人経営のスペイン語学校でも週に一度、日本食の夕べが開かれていた。アタバルには『旅行人』というバックパッカー向けの雑誌のバックナンバーが、まだ同人誌だった頃のものも含めて大量にあった。古い号を引っ張り出しては、食後によく読んだものだった。

日本食の夕べには鉄格子の扉を中から開けてもらってアタバルに入るのだが、日没後はどこの店も鉄格子越しに営業していた。押しこみ強盗に遭わないための自衛策である。

まだブログもSNSもなかった当時、ノートパソコンで世界各地からウェブサイトを更新するリアルタイム旅行記が増えつつあった。

そんな黎明期《れいめいき》にモバイルパッカーの走りの一人としてグアテマラ情報を発信していた。グアテマラに8ヵ月ほどいた間に、私のサイトを見て日本からアンティグアに来た人が3人はいた。

セマナサンタのアルフォンブラ

メキシコをほとんど飛ばしてまで急いでアンティグアに来たのは、1ヵ月前乗りでセマナサンタ中の宿を押さえておきたかったからだ。世界遺産の町アンティグアのセマナサンタは有名で世界中から観光客が押し寄せる。

セマナサンタとは毎年イースター（復活祭）の前日までの1週間のことで、キリストの受難劇のジオラマを載せた山車《だし》が出る。アンティグアでは1ヵ月前くらいから小さい山車がぼちぼち出始める。

最初のうちは珍しがっていちいち見に行っていたのだが、あまりにしょっちゅうなのでじきに飽きてしまった。あらかじめ観光案内所でスケジュールをもらっておけば、大きな山車が出る聖木曜日、聖金曜日、聖土曜日以外の行事も網羅できる。最高潮に盛り上がるのはキリストがゴルゴダの丘で磔《はりつけ》にされる聖金曜日である。

セマナサンタは全カトリック教国で行われる宗教行事だ。これは同じカトリック起源のカーニバル（謝肉祭）と同じで全世界同じ日程で行われる。グアテマラの旧宗主国スペインではセビリアのセマナサンタが有名だが、アンティグアのセマナサンタはスペイン本国のものとはかなり違いがある。

まず、グアテマラには民族衣装を着ている先住民が多い。特に女性の民族衣装は「グアテマラレインボー」と呼ばれる豊かな色彩でさまざまな模様が織られている。

そのビビッドな色彩感覚で石畳の道の上にアルフォンブラ（絨毯《じゅうたん》）をつくる。着色した砂やおがくずでキリストに捧げる絵を描くのだが、それはチベットの曼陀羅《まんだら》のようでもある。

アルフォンブラは、キリスト像が載った山車を担ぐ人々によって蹴散らされるためのものだ。山車が通るルート沿いに住む人は自分の家の前にアルフォンブラを家族総出で一晩かけてつくる。

　それを山車が出る前の午前中に見て回る。アルフォンブラをつくるプロはいないのだが、先祖代々毎年つくり慣れているのでどれもこれもみな本当に美しい。

スリには細心の注意を！

　セマナサンタの間はアンティグアの人口を上回る観光客がやってくるそうだ。書き入れ時なのはホテル、レストランなどの客商売だけではない。

　人ごみの中で斜めがけしているショルダーバッグを、誰かが開けようとしているのに気づいた。顔を上げると大柄な女がいた。いきなり彼女に突き飛ばされて大きくよろめいた。体勢を立て直している間に女はいなくなっていた。

　また別の日、同宿の日本人と教会の前で山車の出発を待っていた。

　人ごみの中でビデオカメラを持った二人組の男が大声でしゃべっている。もっと近寄ってしゃべればいいものを、距離をおいているせいで耳障りなほど声がでかい。

　この後、宿に戻ってから一緒に行った人のかばんが切られていることが発覚する。

　あの二人組はターゲットの気をそらす役だったのか。実際は二人組ではなく三人組だったのだ。

グアテマラではバスに乗っていてかばんを切られたことがある。

グアテマラのバスは中央の通路が狭く、通路の左右の座席に一人が左右のお尻を半分ずつ載せて座るようになっている。左右二人掛けの席に3人が無理やり詰めて座り、さらに中央に1人と、横一列7人で腰かけるのだ。バスに乗っていると、そこまで混んでいないのに、私の隣にお尻半分で座ってきた人がいた。若い男だった。膝の上に載せていたショルダーバッグに、彼の大きくて黒い布のかばんがかぶさっている。

疑ったわけではないのだが、なんとなくショルダーバッグを引き寄せた。すると男は、さっき乗ってきたばかりなのに、立ち上がってバスを降りた。目的地に着いてバスを降りるときに、初めてバッグの底が切られていることに気がついた。黒い布かばんには、手を出すための穴が開けられていて、そこからカミソリで切ったのだろう。

グアテマラ以降、南米のエクアドルでもやはりバスの車内で立っていてバッグを切られたが、なにも盗られなかった。

そもそもそんな浅いところに貴重品は入れていない。

日本にバッグを切る野暮なスリなんているか？　とにかくラテンアメリカのスリは下手クソなのだ。日本ではスリに遭ったことはないし、金目のものを持っていない貧乏人の私を狙わない日本のスリは人を見る目がある。

グアテマラで遭ったスリはいずれも窃盗未遂だが、突き飛ばされたのが暴行、バッグを切られたのが器物損壊だ。グアテマラのスリよ、やるならやるでもうちょっとスマートにはできないものか。

アンティグアにはアメリカのクリントン大統領が来たことがある。国の威信を懸けて総力を結集して大統領の警護にあたっている間に、銀行に強盗が入ったそうだ。グアテマラは1996年まで内戦をやっていたので民間がまだけっこう武器を持っている。

警護が手薄になったところをうまく突いたわけだが、その意表を突く着眼力をどうしてまっとうに生かさずに犯罪に使うのか、マヤの末裔《まつえい》よ。

グアテマラの世界遺産ティカル遺跡～武装強盗出没

エジプトのピラミッドは砂漠にそびえているが、グアテマラの世界遺産ティカル遺跡のピラミッドはジャングルに隠れるかのようにある。

しかも向かい合って対になっているものが対称でもなければ、相似形でもないのだが、それでいてバランスがよい。

広大な敷地内に膨大な数の建築物がある。中心にある大きな建物はしっかり修復されているが、はずれにある小さなものは石くれの小山と化していて、それがまた諸行無常でなかなかよいのだ。

どのローマ遺跡にも必ず公衆浴場があるのは漫画『テルマエ・ロマエ』のとおりなのだが、同じようにマヤ遺跡にはサウナが必ずついている。というか、今も先住民の村では遺跡と同じつくりのサウナを使っている。

どのマヤ遺跡にも、必ず「マヤアーチ」と呼ばれる建築技法が使われている。ティカル遺跡の向かい合った1号神殿と2号神殿の間にあるグラン・プラサでは、今も地元のマヤの人々が儀式を行っている。

ピラミッドの飾り屋根が樹海から突き出ているのが4号神殿の上から見える。世が世ならマヤの王が見た眺めだったに違いない。

木々の上を吹き渡る風の気持ちいいこと。遺跡内のジャングルを歩いていると時々はるか頭上の木々の間をクモザルが渡っていく。姿は見えないがホエザルの大声に驚かされることもある。ハナグマがあちこちにうろうろしている。

ティカル遺跡の中にはホテルもキャンプ場もある。ジャングルで夜行動物のざわめきを聞きながら一晩すごすのもおもしろそうだ。

誰も上らないようなはじっこにあるピラミッドの頂上で、石の小部屋をのぞきこんだ。

きつい糞尿《ふんにょう》のにおいがツンと鼻をついた。床にはかなりの量の尿がたまっている。

「フーーーッ！」とこちらを威嚇する獣の声が、暗がりの奥から聞こえた。

このあたりでそんなうなり声を上げる動物は、ジャガーしかいない。声量から察するにそんなに大きそうではなかった。

マヤの神であるジャガーが、神殿の中にすんでいるのは理にかなっている。いくら神様でも飛びかかられてはかなわないのですぐに撤退した。

しかし、ホモサピエンスほど怖いものはない。ティカル遺跡には強盗が出る。はずれの人気がないところで、まれに出没する。ティカル遺跡のような世界遺産のドル箱でも出るのだから、その周辺のマイナーな遺跡はなおのこと。マイナーな遺跡には現地ツアーで訪れるのが無難だが、平日で最少催行人数が集まらないタイミングで行ってしまったことがある。ガイドブックの取材でなければ行かないのだが、しかたなく自分で行くことにし、タクシーをチャーターした。タクシー運転手も行きたがらないので、けっこうな高確率で強盗が出るのだろう。辺鄙《へんぴ》なところにある誰もいない遺跡はかなり怖い。

ティカル遺跡には2000年と2006年の2度行ったのだが、2回目の訪問の数日前に遺跡の入場口が銃で武装した強盗に襲われ、3人が死傷した。夕方6時に遺跡が閉まる直前に襲われたそうだ。

2018年に日本人女性2人が自宅で強盗に襲われ、死傷したのもティカル遺跡があるペテン地方である。どんな目的で住んでいたのかは知らないが、青年海外協力隊のような政府やNGOなどの両国間のしっかりした後ろ盾もなしに、外国人女性がいきなり住むようなところではない。やはり動物よりも幽霊よりも、恐ろしいのは生きている人間である。

しかも、ティカル遺跡は「行きはよいよい、帰りは恐い」ところなのだ。

遺跡への拠点となるフローレスという町へは首都グアテマラシティからバスで10時間かかる。時間がかかるのは長距離のせいだけではなく、悪路のせいでもある。

暑い遺跡で消耗して、バスに長時間揺られて疲弊して、ヘロヘロでグアテマラシティの旧市街に着いたところを置き引きにやられる。

グアテマラグルメ

ティカル遺跡の後はフローレスのラ・メサ・デ・ロス・マヤス（スペイン語で「マヤのテーブル」）というレストランに行くのが観光客の定番コースだ。そこではマヤのジビエが楽しめる。

どうも店のメニューにはもうないようだが、以前は6種類の肉の盛り合わせがあった。うろ覚えなのだが、アルマジロ、イグアナ、テペスクイントレ、鹿、猪、七面鳥だったと思う。アルマジロ、イグアナはたまにアンティグアの市場でも売っている。鹿も七面鳥もグアテマラではよく食べるので、珍しくはない。猪は傷みやすいので流通しないが、さほど珍しくはないというのは日本と変わらないだろう。テペスクイントレという動物は食べて初めて知ったのだが、パカという種類の大きなネズミである。

２度目にティカル遺跡に行ったとき、ジャングルの中でテペスクイントレらしき生き物に遭遇した。ネズミというよりもうり坊のような、大きめの豚の貯金箱のような生き物が２匹並んでいた。狩るにしても捌《さば》くにしてもほどよいサイズだ。味は普通に肉だった。

フライドチキンでも部位によってかなり差があるのだからジビエもそうだろう。幼体よりも老体のほうが固くパサパサしているはず。

盛り合わせで食べたアルマジロは平べったい骨がやたらと多かったように記憶している。たぶん店の処理がよいのだろう、肉はどれも臭くはなかったが、６種類盛り合わせで30米ドルくらいとグアテマラにしてはけっこうなお値段だ。

グアテマラにかぎらず、ゲテモノ料理はどの国でも高い。イグアナ、鹿、猪、七面鳥は普通においしいので、ここは一つ、ぜひアルマジロかテペスクイントレを話の種に食べてみてほしい。

グアテマラ国内では無事だったが

グアテマラで日本人がかかる病気といえばアメーバ赤痢。ゲテモノ肉やセビチェという魚のマリネ、アイスクリームもさんざん食べたが、現地ではなにごともなかった。しかし、帰国直後に血便と発熱で夜中に救急病院に担ぎこまれた。当直医が専門外だったため、その夜は血液検査だけで、翌朝、専門医がいる時間に行って再検査を受けた。「昨晩は即入院するほどの症状だったのにもうほとんど治っていますね」と医師が首をひねった。翌日には、症状はすっかり落ち着いていたのだ。

体力だけは人一倍ある獣のような私をアメーバ赤痢にしたのは、グアテマラからアメリカ・ヒューストンまで乗ったコンチネンタル航空の機内食だった。

生野菜のサラダが出た。それしか思い当たる原因がなかった。

一言言ってやらんと腹の虫が治まらんわ、と航空会社に電話したが、その便は私以外の乗客は全員グアテマラ人で、発症者は一人もいないとのこと。

アメリカの航空会社とはいえ、機内食は現地で調理したものだ。グアテマラの野菜をグアテマラの水（おそらく現地の水道水）で洗ってつくったサラダを、グアテマラで生まれ育ったグアテマラ人が食べても、そりゃあ、免疫ある人は大丈夫でしょうよ！

アルゼンチン

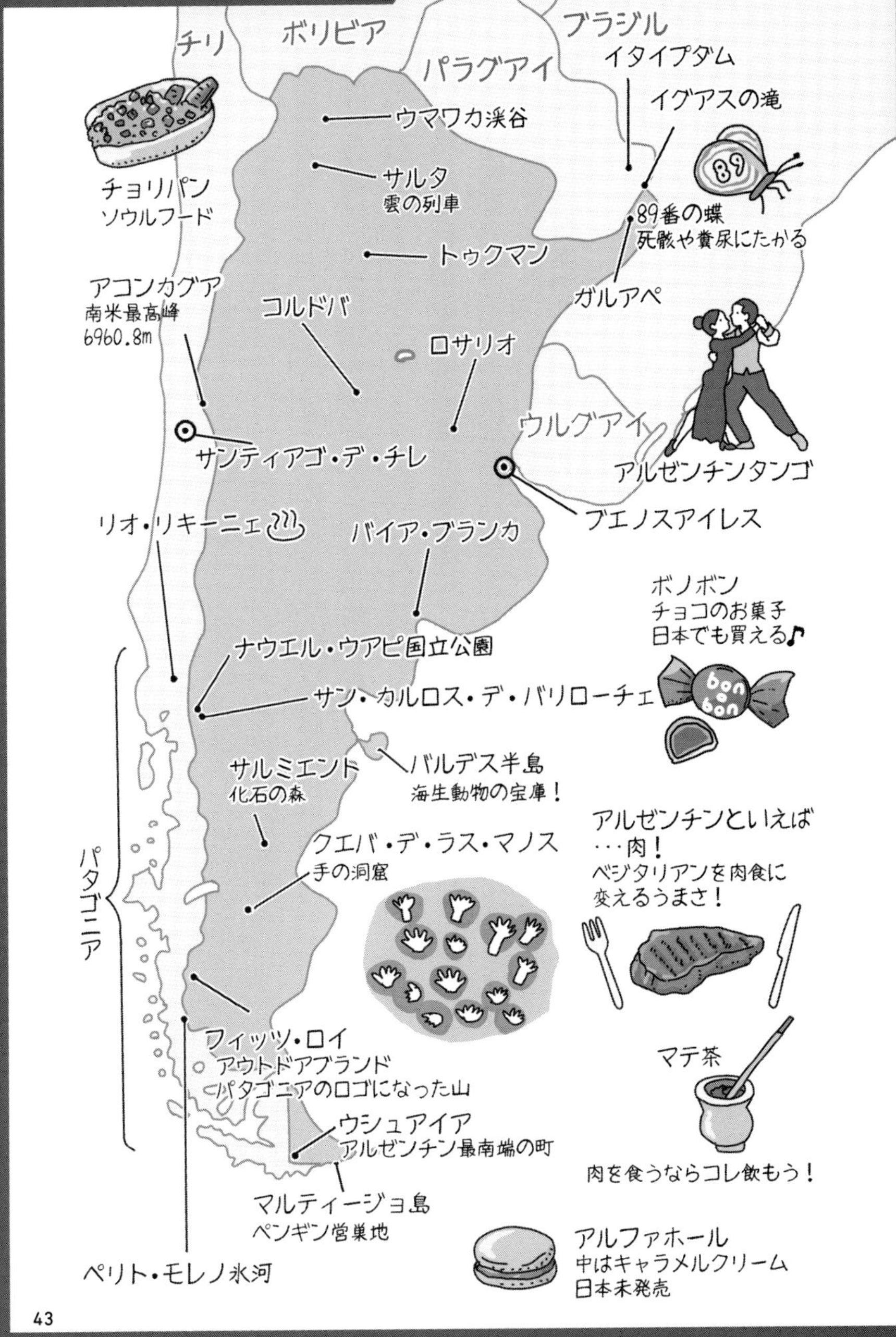

チリ
ボリビア
ブラジル
パラグアイ
イタイプダム
イグアスの滝
ウマワカ渓谷
サルタ
雲の列車
チョリパン
ソウルフード
89番の蝶
死骸や糞尿にたかる
トゥクマン
アコンカグア
南米最高峰
6960.8m
コルドバ
ガルアペ
ロサリオ
ウルグアイ
サンティアゴ・デ・チレ
アルゼンチンタンゴ
ブエノスアイレス
リオ・リキーニェ
バイア・ブランカ
ボノボン
チョコのお菓子
日本でも買える♪
bon o bon
ナウエル・ウアピ国立公園
サン・カルロス・デ・バリローチェ
バルデス半島
海生動物の宝庫！
サルミエンド
化石の森
アルゼンチンといえば
・・・肉！
ベジタリアンを肉食に
変えるうまさ！
クエバ・デ・ラス・マノス
手の洞窟
パタゴニア
フィッツ・ロイ
アウトドアブランド
パタゴニアのロゴになった山
マテ茶
ウシュアイア
アルゼンチン最南端の町
肉を食うならコレ飲もう！
マルティージョ島
ペンギン営巣地
アルファホール
中はキャラメルクリーム
日本未発売
ペリト・モレノ氷河

アルゼンチンには、２００２年、２００８年、２０１５年には2回、合計４回訪れている。日本のちょうど反対側にあるアルゼンチンはどんなルートをもってしても遠い。

２００２年の訪問時は陸路でアルゼンチンに入ったが、他の３回は日本から飛行機で行った。いずれも経由地は違うが、それぞれ待ち時間を含めて、中東経由は36時間、アメリカ経由は30時間、ヨーロッパ経由は28時間かかった。

ここまで飛行機に乗ると内臓が疲れて食欲が失《う》せる。どこを経由しようと、アルゼンチンが遠いことが身にしみてよくわかった。

1度目の訪問は経済破綻直後

２００２年、アルゼンチンは経済破綻した直後だった。一晩にしてアルゼンチンペソでの資産価値は４分の１に、米ドル建てのローンは４倍になった。

家賃を払えなくなった大勢の人々が路頭に迷い、すべての口座を凍結した銀行は暴動にそなえてバリケードで囲われていた。おまけに日韓共同開催のワールドカップで、強豪アルゼンチンはまさかの40年ぶり1次リーグ敗退。泣き面に蜂とはまさにこのこと。アルゼンチンチームの応援歌は、アルゼンチン人歌手アルフレド・カセーロがカバーした、日本のロックバンド、ザ・ブームの『島唄』だった。

2度目の訪問は農家のストライキ真っ最中

２００８年は農家のストライキで肉が店頭になかった。牛も豚も羊も鶏も、とにかく肉がなんにもなかった。国民一人あたりの肉の年間消費量が１１０キロ（うち牛肉が60キロ！）といわれるアルゼンチンは肉がほぼ主食なのだ。４４００万人ほどの人口よりも牛の数のほうが多く、普段は毎日９０００頭の肉牛が食肉処理されるそうだ。

アルゼンチンをはじめ、ガウチョ（南米のカウボーイ）の国では、アサード（「焼かれたもの」という意味。バーベキューやステーキに近い）がなによりのごちそうだ。

3・4度目のアルゼンチン訪問は果たして

さて、２０１５年のアルゼンチンもまったく期待を裏切らなかった。

今度は前年に14年ぶり8度目のデフォルト（債務不履行）に陥っていた。インフレ年率は30パーセント！　それなのにアルゼンチンはいつもステーキ食べてワイン飲んでタンゴ踊って、余裕ぶっこいてる感がある。

それはアルゼンチンという国が自給自足率が高く、天然資源に恵まれているからだろう。

しかも、メルコスール（南米南部共同市場）に加盟しているので足りないものは隣国から買える。その上でもはやデフォルト慣れしているものだから余裕しゃくしゃくなのだ。

アルゼンチンの上野山荘

ブエノスアイレスでは、上野山荘ブエノス別館を訪れた。ここには、2008年に一度お世話になっていた。今回ブエノスアイレスには、「運び屋」の仕事で来ていたのだが、別館を訪問したのは2010年に亡くなられた上野山荘本館オーナーの綾子さんを偲《しの》ぶためだった。

7年ぶりに別館オーナーで娘の伊都子さんと積もる話をした。上野伊都子さんは1963年に一家で移民船「さんとす丸」でアルゼンチンにやってきて以来、アルゼンチンで暮らしている。今は別館だけだが、2014年までは本館があった。

上野山荘の本館は、アルゼンチン最南端の町ウシュアイアにあった。ウシュアイアは南極へのクルーズ船の寄港地だ。南極クルーズの予約客がキャンセルしてクルーズに空きが出た場合、ウシュアイアでラストミニッツ（クルーズツアーの最終値下げ）として破格値で売り出される。2002年当時は6000ドルのツアーが3000ドルになった。そのラストミニッツを待つために上野山荘にみな長逗留《とうりゅう》していた。

上野山荘は「上野大学」とも呼ばれオーナーの信隆おじさんの含蓄ある話が評判だった。

最初にウシュアイアに行った２００２年には、信隆さんが重篤な状態と聞いて、さすがに宿泊を遠慮した。それからほどなく信隆さんは亡くなられた。

２００８年にアルゼンチンを再訪したのは、上野山荘で綾子さんに会うためでもあった。上野山荘で宿泊中、宿泊者全員のシェア飯で綾子さんも一緒にアサードを食べたのが懐かしい。

ベジタリアンを肉食に変えるほどのうまい肉

アルゼンチンのアサードに、レアという焼き方はない。好むと好まざるとにかかわらずウェルダンしかない。しかもちょっと焦げているくらいがアルゼンチン人好みなのだ。焦げた肉を避けるべく、肉を買ってくるので別館の台所で焼いていいか、と伊都子さんに尋ねたところ、それなら焼いてあげるわよ、と冷蔵庫から取り出したでかい肉の塊を分厚く切ってくれた。サラダと一緒に出てきた焼きたてのステーキのおいしかったこと！

初めてアルゼンチンに来たときは、ほぼベジタリアンだった。

とはいえ、乳製品も卵も食べるし、自分から進んで食べはしないが出された肉はありがたく食べる、ゆるベジだった。

それがだだっ広いパンパ（草原）に放牧されてストレスフリーで育った牛肉をアルゼン

チンで食べて肉のうまさに開眼した。牛肉もその牛肉に合うワインもアルゼンチンでは安くておいしい。そんなすばらしいアルゼンチン牛肉が日本に輸入されることはない。口蹄疫《こうていえき》がその理由となっているが、それは表向きで、本当のところはアメリカの陰謀なのではないかと勘ぐっている。こんなおいしい牛肉が出回ったらアメリカンビーフはひとたまりもないからだ。

ソウルフード・チョリパン

もう一つ、ブエノスアイレスで食べておきたいものがあった。それはアルゼンチン人のソウルフードであるチョリパン。

以前はブエノスアイレスの中心にたくさん屋台があったのだが、今はプエルト・マデロというラプラタ川に面したウォーターフロントの再開発地区に移動させられている。

チョリパンとは、レベルがものすごく高いホットドッグだ。

アルゼンチンではホットドッグのことを「パンチョ」と呼び、チョリパンとは明確に区別している。それほど次元が違うおいしさなのだ。

そのおいしさはやはり肉とソースにある。一口食べればわかる。あれはホットドッグなどではない。あんなに肉汁たっぷりのジューシーなホットドッグはない。

ホットドッグにはソーセージだが、チョリパンにはチョリソがはさまっている。チョリソとはスペイン・ポルトガル発祥のソーセージのことだ。ただし、スペインのチョリソは豚の挽《ひ》き肉のことが多いが、アルゼンチンのチョリソは牛と豚の合い挽き肉を使う。メキシコのチョリソには辛いものもあるが、アルゼンチンのチョリソはまったく辛くない。同じスペイン語圏でもいろいろと違いがある。注文すると、パンにチョリソをはさんだものが出てくるので、あとはセルフでトッピングする。屋台のカウンターにはトマト、レタス、玉ねぎなどの具と、マヨネーズやケチャップ、マスタードなどのソースが用意されている。しかし、チョリパンといえば、チミチュリソースだ。

チミチュリとは酢と油を混ぜ、刻んだパセリ、ニンニクやオレガノなどの香辛料を入れたソースだ。チョリソとチミチュリソースは自家製なので、そこで屋台ごとの味が決まる。アサードにかけてもおいしいチミチュリソースは、容器入りのできあいも売っているが家庭ごとにレシピがあるほどアルゼンチン人はこだわりを持っている。

肉食の友、マテ茶

肉食に偏りがちなアルゼンチン人の食生活は、やはり彼らの生活に欠くことのできないビタミン豊富なお茶、マテによって緩和されている。

近年、日本でもペットボトル入りマテ茶が売られるようになったが、あれは「マテ・コシード」と呼ばれるティーバッグのマテを淹《い》れたものだ。現地のカフェでマテを注文するとマテ・コシードが出てくるが、家ではまずそんな飲み方はしない。

もっとも一般的なマテの飲み方はこうだ。

ひょうたんなどでつくった茶器いっぱいに茶葉を入れ、茶葉の真ん中にくぼみをつけてお湯を注ぎ、ボンビージャという茶こしのついたストローでお茶を吸う。茶葉が焼けるので沸騰したお湯は使わない。一度に全体に注ぐと苦すぎるので最初はボンビージャの周辺の茶葉にだけ注ぎ、味が薄くなってきたところで全体に注ぐ。そして、湯を足しながら、仲間同士で回し飲む。マテは健康のために飲むだけではなく、社交の手段でもある。

2015年、7年ぶりのブエノスアイレスではアルゼンチン牛肉のステーキとチョリパンを食べ、世界一美しい書店とも言われているエル・アテネオ・グランド・スプレンディドのカフェでお茶を飲んだ。

アルゼンチンのボノボンというチョコレートクリームのお菓子が大好きなのだが、最近日本でも買えるようになってうれしい。まだ日本に入ってきていないが、アルファホールという、キャラメルクリームをサンドしたクッキーをチョコレートでコーティングしたお菓子もおすすめだ。HAVANNA（アバナ）というメーカーのものが一番おいしい。

ブエノスアイレスは「南米のパリ」と呼ばれ、ヨーロッパにいるかのように錯覚する。しかし、空港で賄賂《わいろ》は払わされるわ、闇両替しないと大損するわ、おつりが飴《あめ》で返ってくるわ、で相変わらずだった。誕生日のお祝いに仲間から小麦粉まみれにされている男の子も見たし、ゴミをあさっている妊婦も見た。レティーロ・バスターミナルの置き引きも、町中のケチャップ強盗も頻発しているらしい。おしゃれなカフェがたくさんあっても、やっぱりブエノスアイレスもラテンアメリカなのだ。

パタゴニアをトレッキングでチリからアルゼンチンへ

2002年3月、チリ出国後、アルゼンチンの入国印を押されるまでの一晩でアルゼンチンペソが暴落した。前年12月にアルゼンチンは7度目のデフォルトに陥っていた。

パタゴニアはアンデス山脈をはさんでチリとアルゼンチンにまたがった地域だ。チリのアンデス山中のリオ・リキーニェというところで温泉につかってアルゼンチンペソが安くなるのを待ち、暴落するタイミングを見計らってアルゼンチン国境に向かって歩き出した。

チリの首都サンティアゴで出会った世界一周中の日本人夫婦からもらったテントを担いで、せっかくだからパタゴニアでトレッキングするつもりだった。

アルゼンチンの国土は日本の7・5倍あり、世界8位の面積だ。そんなだだっ広い国を

1アルゼンチンペソ＝1米ドルの固定相場で旅するのはあまりにお金がかかりすぎる。

それがこれ以上ないタイミングで4分の1に暴落したものだから、アルゼンチンをくまなく回れる。しかも、キャンプ場でテントを張れば、宿に泊まるよりもはるかに安くすむ。

サン・カルロス・デ・バリローチェあたりからウシュアイアまでの南部、アルゼンチン国土の3分の1くらいがパタゴニアだ。パタゴニアには30ほどの国立公園がある。

アルゼンチン・パタゴニアを回るには、必ずチリ・パタゴニアも通る。地形の関係で自国内だけを通る道路がないからだ。そのため、アルゼンチンにはパタゴニアの始まりのサン・カルロス・デ・バリローチェから入り、チリへの出入りを繰り返しながらアンデス山脈に沿って南下、最南端のウシュアイアからブエノスアイレスまでは大西洋岸を北上した。

ブエノスアイレスの手前にある大西洋の港町バイア・ブランカからは、アニメ『母をたずねて三千里』の主人公マルコが、お母さんを捜し歩いた町をバイア・ブランカ、ブエノスアイレス、ロサリオ、コルドバ、トゥクマンとたどった。小さいときに見たアニメの舞台に自分が来ることになるとは、思ってもみなかった。

1880年に働きに出たお母さんを捜しに、イタリアのジェノバからアルゼンチンにやってくるマルコの話は、イタリアからアルゼンチンにやってきた移住者の話でもある。アルゼンチン人はイタリア移住者の子孫が70パーセント以上を占める。

旧スペイン植民地なのでスペイン語が話されているが、抑揚がなんとなくイタリア語っぽく、スラングにはイタリア語が混じる。マルコが訪ねたアルゼンチン第3の都市ロサリオはキューバ革命の英雄チェ・ゲバラの出身地だ。大人になってアルゼンチンで初めて『母をたずねて三千里』という物語がよくわかった。

2002年4月。この日、私の最期の日になったかもしれない

アルゼンチン・パタゴニアのナウエル・ウアピ国立公園へはチリ・サンティアゴで知り合った日本人男性と一緒に行った。結局、彼は日本を出てから10年で帰国するのだが、そのときは世界一周8年目だった。世界一周10年という人にはこれまで3人会ったことがある。また世界一周の途中に現地で就職、そのまま定住している人もけっこういる。

ナウエル・ウアピ国立公園への拠点となるバリローチェの別名は「ブラジローチェ」。ブラジル人のスキーヤーが多いからだ。ナウエル・ウアピ湖を取り囲む山々の景色から「南米のスイス」と呼ばれている。実際にスイス系の移住者が多く、バリローチェの名物はチョコレートだ。アルゼンチンのチョコレートがおいしいのは彼らのおかげだろう。

南半球にあるパタゴニアは11月から4月にかけてが観光シーズンだ。ナウエル・ウアピ国立公園に4月の初めに紅葉狩りに行った。標高1600メートル前後の山々はようやく

紅葉で色づき始めたばかりだった。気軽なハイキングコースなのはロペス山の山小屋まで。そこから先は一変してぐんと難易度が上がる。

切り立った崖をロッククライミングで山頂までよじ登ると一気に360度開ける視界。真正面にはチリとアルゼンチンにまたがるトロナドール山、右手には「チリ富士」と呼ばれるオソルノ山、さらにプンティアグド山が見えた。紅葉も山々もとてもきれいだった。風が少し冷たかったが、日中は半袖でもいいくらい終日快晴だった。その日は低木の落葉樹の間にテントを張った。

翌朝、空はどんよりと曇っていた。雲がビデオの早送りみたいなすごい勢いで流れていた。さらにどんどん風が強くなっていき、風が止《や》んでいる間しか進めなくなった。しまいには風に飛ばされた小石があたって痛かった。ネグラ湖のほとりにある山小屋が見えたときには、雪がちらつき出していた。やっとのことで湖岸まで下りたときには猛吹雪になっていた。2時間で膝まで雪が積もった。

それでも小さなネグラ湖を半周もすれば暖かい山小屋に着く。

絶壁に死を覚悟〜3時間の奇跡

しかし、あるはずのトレイル（小道）がなかった。いや、道ではないトレイルが続いていた。それは50メートルほどの湖面に平行したロッククライミングのルートだった。すり鉢の底が湖でその周りはほぼ垂直の岩盤だった。最初に2メートルほどよじ登るためのロープが1本ぶら下がり、その後は大柄な白人男性の体格に合わせてホールド（手がかりと足がかり）が穿《うが》ってあった。進むしか助かる道がないのでやってみたが、まったくホールドに手足が届かない。湖は浅かったがこの寒さと風では滑落したら凍死する。

あきらめてビバーク（緊急時の野宿）の準備をしていたら、幸運にも後から来た4、5人の白人のパーティが追い抜いていき、折り返しすぐにレンジャーがやってきて言った。

「もうすぐ日が暮れる。それまでに山小屋に着かないと死ぬ」。

すでに崖には30センチほどのつららが下がっていた。レンジャーは氷をハンマーで叩《たた》き割りながら、うまくホールドへと導いてくれた。

火事場の馬鹿力は本当にある。山小屋にたどりつくとすぐに暗くなった。間一髪だった。

先着のパーティの人たちが着ている服を脱がそうとする。

「濡れてないから脱がさないで」と言ったが、有無を言わさずに脱がされた。

感覚が麻痺《まひ》していて、全身ずぶ濡れなのがわからなかったのだ。

手足の指をまず水につけ、ぬるま湯につけ、そして湯につける。いきなり湯につけると冷え切った神経がダメになるからだ。毛布にくるまり、ストーブのそばでスープを一口すすったとたんに震えが来た。

ひどい低体温症。そして、手足の指は一本残らず凍傷。まだ紅葉が始まったばかりなのに初雪がいきなり猛吹雪になった。あと3時間遅ければ死んでいたそうだ。平温を取り戻すまで3日間、昏々《こんこん》と眠り続けた。このときの後遺症で今も右手の人差し指の感覚が鈍いのだが、指が全部ついていることが不思議なくらいだ。

イグアスの滝・死骸や糞尿にたかる89番の蝶《ちょう》

アルゼンチン最南端ウシュアイアに着く頃には5月の終わりになっていた。ブエノスアイレスよりも南極のほうが近いウシュアイアは町中が凍りついていた。

チリにウルグアイにパラグアイに行きつ戻りつ、北上してついにボリビアに抜けたのは8月のことだった。95日もアルゼンチンにいられたのは経済危機のおかげだ。

寒冷地のパタゴニアから来ると、熱帯のイグアスの滝はまったく別の国のようだ。

「かわいそうな私のナイアガラ」とアメリカのルーズベルト大統領夫人がイグアスの滝を見て言ったそうだが、ナイアガラの滝がそこまで見劣りするとは思わない。

ただイグアスのほうが地響きがすごい。ジャングルの中にあるのでハナグマがうろうろし、トゥーカン（オオハシ・鳥の一種）が飛んでいる。

肘の内側に痛みを感じて見れば、蝶が刺していた。イグアスの蝶はミネラルを求めて、動物の死骸や糞尿にたかる。蝶は肘の内側にたまった汗を吸おうとしていた。

イグアスには89番の蝶がいっぱい飛んでいる。羽に89と模様が入った蝶がいるのだ。たまに88もいる。誰かが書いたわけではない。書いたとしたら神様だ。

イグアスの滝は今となってはアルゼンチンとブラジルの国境にあるが、1870年のパラグアイ戦争前はパラグアイのものだった。パラグアイには世界第2位の水力発電用ダムのイタイプがある。イタイプダムはたまに放水するのだが、実際に見た人によるとこれがイグアスの滝なんぞ目じゃない大迫力らしい。見学者用の映像でしか見たことがないので、ぜひ目の当たりにしたい。

2008年と2008年の2度、イグアスの滝には行った。2008年にはウシュアイアとブエノスアイレスで上野母娘にそれぞれ会ってから行っている。上野さん一家が最初に入植したのはイグアスの滝にほど近いガルアペ移住地だった。「熱帯の毒蛇が真っ赤で、帯締めにちょうどよさそうだったの」と綾子さんは笑って話していた。

『母をたずねて三千里』は19世紀末のイタリア移住者の話だが、上野さん一家の話は昭和の日本人移住者の話である。

ボリビア

ボリビアにうまいものナシ。食べるのであれば…

サルティーニャ
かまど焼きのミートパイ

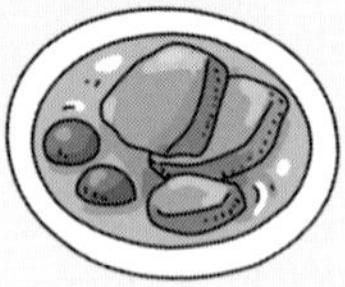

フリカセ
豚肉の煮こみ

モコチンチ
乾燥させた桃を
煮出したジュース

アピ
紫トウモロコシの
温かい飲み物

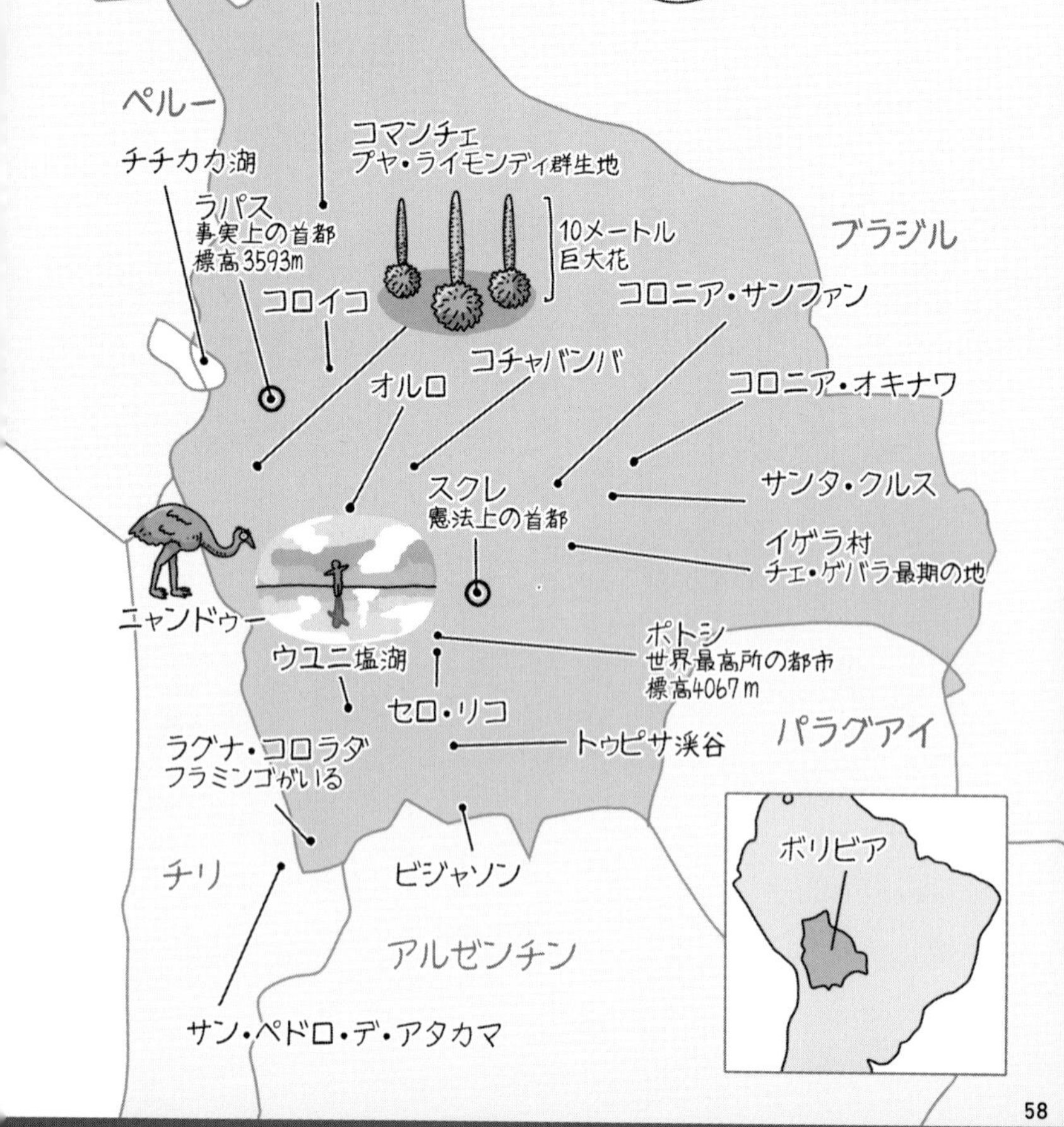

アルゼンチンからボリビアに入ったとき、たしかににおいが変わった。それがアンデス高地の民に特有のにおいだった。内風呂が当たり前でなかった時代には、どこの国でも同じにおいがしたのだと思う。

山の中でトレッキングをしている間は、シャワーも浴びず、服も着替えず、洗濯もしない。彼らはその生活が日常なのだ。昼夜の寒暖の差が激しい高地では下手にシャワーを浴びると体調を崩してしまう。

ボリビアの前にいたチリとアルゼンチンには、先住民がほとんどいない。ボリビアの正式な国名は、ボリビア多民族国。その名のとおり、ボリビアには先住民が多い。ここから先が南米本番だった。

メキシコからグアテマラに入ったときと同様、ものすごい差を感じた。地続きで、もうそこに見えている国なのに、かたや世界最貧国の一つであるボリビア、かたや南米のヨーロッパとうたわれるアルゼンチン。アルゼンチンのラ・キアカからボリビアのビジャソンへ抜ける国境は、2002年と2008年の2回越えている。

2002年はアルゼンチン経済が崩壊していたため、ボリビア人の行商人が大挙してアルゼンチンに買い出しに来ていた。ボリビア人にとって、これまでは働き先だったアルゼンチンが、一夜にして物価が安い国に成り下がることがあるのだ。これはなにもラテンアメリカに限った話ではない、とタイ人が観光にやってくるようになった日本を見て思う。

衝撃！　耳がもげた?!

ボリビアの高地では日差しは熱いのに風は冷たい。日なたは暑いし、日陰は寒い。高い山に登頂した登山家が雪山をバックにえらい日焼けをしているのは、こんなところにいるからなんだとボリビアでよくわかった。事実上の首都ラパス（憲法上の首都はスクレ）では、覆面をかぶった人がやたらといるのでなにごとかと思ったら、全員が靴磨きの人だった。強盗ではなく、切実に防寒と日焼け対策だった。

あるとき、宿で服を脱いだらなにかが落ちた。床に落ちているものを見て「わーっ！」と大きな声を上げた。

それは自分の耳だった。

あわてて手で確認すると耳はあった。手にはべったり血がついていた。恐る恐る耳を拾い上げると耳の形のとおりに日焼けで皮がむけていた。

あまりの気持ちの悪さにくずかごに捨てると、くずかごにかぶせてあったレジ袋がガサッと音を立てた。耳の皮は、それほどの重さがあった。

その日は一日中、南米のグランドキャニオンと呼ばれるトゥピサ渓谷で乗馬をしていたのだが、片耳だけ日焼け止めを塗るのをうっかり忘れていたのだった。

ポトシ銀山の坑道ツアー

世界最高所の都市ポトシは標高４０６７メートル。世界遺産ポトシ市街はダークツーリズム（戦争跡地や災害跡地など、死や悲しみが背景にある地を訪れること）の観光地である。スペイン植民地時代、１５４５年にセロ・リコ（「豊かな丘」）で銀鉱脈が発見されると、スペイン人は銀を掘り尽くして本国へ運び去った。ポトシ銀山では８００万人の先住民が死んだといわれている。

ポトシの町を見下ろすセロ・リコでは、今もスズやタングステンなどを採掘している。２００２年に訪れたときには４５０ある坑道のうち、サン・ミゲルとポデロサという２つの坑道に観光客を案内していた。

最初にツアー客は坑内員への手みやげを買う。お金を出し合って買ったのは、ダイナマイト、コカの葉、酒、たばこ。ダイナマイト以外は全部、坑道の守り神ティィオに捧げるためのものだった。

ドーン！　大きな地響きがした。

どこかの坑道で発破をかける音だ。標高４０００メートル以上の高地でさらに地下に潜っているのだから息苦しい。しかも、地中深くに下りるにつれて温度が上がる。アセチレンガスのライトを反射しながら塵芥《じんかい》が舞い、アスベストのつららが下がっている。息苦しいのだが、鼻と口をおおうタオルが手放せない。

坑道の入り口には、リャマ（ラクダ科の動物）の生き血の跡が生々しく残っていた。犠牲獣の血を神や精霊に捧げるウィランチャである。毎年5月末から6月初めに、白いリャマを殺して地母神パチャママに無事息災を祈るアイマラ民族の儀式だという。

坑内員たちはリスのように口いっぱいにコカの葉をほおばりながら、1日8時間ずつ3交代で働いている。いったん坑道に入ると、食事はとらない。空腹を、疲労を、眠気を、そして恐怖を忘れるためにコカの葉をかみ続ける。

コカの葉はコカインの原料だが、現地ではかんだり、お茶にして飲んだりする。利尿作用があり、高山病に効くそうだ。

市場で買ったコカの葉を、よくお茶にして飲んでいた。カップに何枚か葉を入れてお湯を注ぐだけ。ヘナのようなにおいがするハーブティーだ。葉をかむと青臭くて苦い。アフリカのカート、アジアのビンロウと同様の嗜好品《しこう》である。

坑内員は13歳前後で働き始め、50歳で退職するが、その多くが肺を病んで短命である。坑内手みやげを渡した坑内員は首に十字架をかけていた。ポトシには32もの教会がある。坑内員はパチャママにもティオにも、そしてカトリックの神にも祈る。

高地すぎて、米が炊けない～ボリビア食事情

ラパスは標高3593メートル。日本では見晴らしのよい高台に富裕層が住むが、逆に南米では酸素の薄い高台には貧乏人が住む。すり鉢状のラパスでは底に富裕層が住んでいる。

ラパスでは、富士山の頂上で毎日暮らしているようなものだ。気圧が低いので水が90度くらいで沸騰してしまうため、米もうまく炊けないし、麺もうまくゆでられない。

ボリビア人は、生米を一度炒めてから炊いていていてびっくりした。吸水時間を長くして飯《はん》盒《ごう》で炊いて長く蒸らすようにしたら、芯《しん》がないごはんがやっと炊けた。現地で買ったスパゲティは、ゆで時間を長くすると表面が溶けてくるのでどうしようもなかった。

2002年にラパスで知り合って以来の日本人の知人がいる。ラパスに行くたびにお世話になっているのだが、夕暮れのイリマニ山を眺めながら一緒に食事をしているとき、「いくらお金がかかってもいいからボリビア料理のおいしいところに連れていってもらえないか」とお願いしたところ、「そんなものはない」と即答された。予想どおりだった。

物価が安いボリビアでは、日系人が経営する日本食レストランもそんなに高くない。当

時は「わがまま」のマスの刺身と「ブルーベリーズ・カフェ」の照り焼きチキンが、私のラパスでのごちそうだった。

航行可能な湖としては世界最高所にあるチチカカ湖は、水温が低いので寄生虫がおらず、マスが生で食べられるのだ。なお、チチカカ湖は西側はペルーだが東側はボリビアである。

ラパスでよく食べたのは、エンパナーダという南米のミートパイ。昼までに売り切れるおいしい屋台でよく買い食いした。エンパナーダはサルティーニャとトゥクマナが一番おいしい。サルティーニャがかまどで焼いたエンパナーダ、トゥクマナが油で揚げたエンパナーダだ。具は牛肉か鶏肉、玉ねぎ、じゃがいも、オリーブの実、ゆで卵。ボリュームのある朝食だ。

フリカセという豚肉の煮こみもおいしいのだが、エル・アルトのフリカセ屋台で食べた客の脳に寄生虫が湧いて死んだ、という話を聞いて以来、食べないようにしている。

ボリビアではないが、メキシコの屋台で生煮えのじゃがいもにあたったことがある。大鍋の料理は残りが少なくなると具を継ぎ足すので、タイミングが悪ければ生煮えにあたることもあるのだ。それが肉、特に豚肉やモツだったら命にかかわる。

冷たい飲み物なら乾燥させた桃を煮出したモコチンチ、温かい飲み物なら紫トウモロコシのコーンスターチでつくったアピが好きでよく飲んだ。

チェ・ゲバラの著作『モーターサイクル・ダイアリーズ』の中で、たしかボリビアで夜半におなかを下して窓から排便したところ、朝になって窓の下を見たら桃が干してあり、申し訳なかった、という記述があったと記憶している。あれはきっと、モコチンチ用の桃だったに違いない。

日本人観光客に大人気・ウユニ塩湖

インスタ映えする観光スポットとして有名なウユニ塩湖は、ボリビアからツアーで行くならなんてことはないが、チリからのツアーでえらい目に遭った。

チリのアタカマ砂漠のオアシス、サン・ペドロ・デ・アタカマからのツアーは、温泉や間欠泉、木の形をした岩、フラミンゴがいるラグナ・コロラダなどをめぐりながら、四駆でウユニ塩湖に行くというもの。

しかし、世界一乾燥している砂漠からアンデス山脈を越えると、どしゃ降りで泥沼だったのだ。サン・ペドロ・デ・アタカマからのツアーでウユニ塩湖に行ったのは2002年のことだが、温暖化による気候変動により、近年はアタカマ砂漠で大雨による洪水が頻発している。

ウユニ塩湖のシーズンは、12月から3月にかけての雨季。水をたたえて鏡張りになったユニクロのCMでおなじみの光景は雨季のものだ。それ以外の乾季には、白く干上がって亀の甲羅のようにひび割れている。

鏡張りが見たければ、雨季にウユニ塩湖に行くことになる。乾季ならサン・ペドロ・デ・アタカマからのツアーで行っても問題はないが、雨季はウユニまでたどりつけずに戻ってくることもある。

水がある雨季に間に合わせるため、ウユニだけ先に行ってしまいたくてサン・ペドロ・デ・アタカマからのツアーにしたのだが、チリ北部カラマからウユニまでの電車に乗るべきだった。ウユニからそのままボリビアに抜けなかったのは、パタゴニアに行きたかったからだ。パタゴニアのベストシーズンである夏は、ウユニ塩湖の雨季と同じ12月から3月でどんぴしゃなのだ。

サン・ペドロ・デ・アタカマからウユニまでは、何本も川がある。普段は渡渉できるほど浅いが、雨で増水した川はものすごい水量で、四駆で渡れるぎりぎりの量だった。

当初の予定では、チリ側の見どころをめぐって、夜に川を渡る日程だったのだが、ボリビア側で雨が降っているため、どこにも寄らずにまっすぐにウユニを目指した。

国境を越えたあたりからひょうが降り、やがてどしゃ降りの雨になった。

舗装していない道は延々と続くどろどろのぬかるみだ。しかも、乗っていた四駆が調子が悪く何度もストップした挙げ句、雷雨の中で動かなくなった。

増水した川を無理やり渡ったり、塩分そのものの塩湖を走ったりして、毎日、酷使されているのだから無理もない。たまたま運よく通りかかったボリビア側から戻ってきた別の四駆に乗り換えた。ぬかるみに足をとられないように靴を脱いで裸足で荷物を積み替える。ツアー客はイギリス人4人と日本人2人。イギリス人女性が「砂漠といえば、砂とサボテンよね。ここはマンチェスターか！」と言った（イギリスでは「マンチェスターは雨ばかり」が通説となっている）。

全員が、高地の酸素の薄さと寒さで息も絶え絶えだった。ウユニまでは、あと2本の川があったが増水して渡れず、急遽《きょ》ウユニから3時間のクルピナ・カ村に泊まることになった。村の標高は3749メートルだったが、途中で4800メートルのところを通過した。高山病で頭が痛かった。エクストラ（追加料金）を払ってお湯を沸かしてもらい、温かいシャワーを浴びてやっと人心地がついた。

もうこうなってくると、通常のツアーではなく、車をチャーターしただけである。ツアーでは、ウユニの町に泊まることになっていたが、6人で話し合ってエクストラを払い、ウユニ塩湖の中にあるペスカド島に泊まることにした。当時はまだ塩湖内に宿泊できたのだ。

とはいえ、ペスカド島に建物はない。サボテンのドアをつけた洞窟の中でマットレスを敷いて寝るだけだ。管理人らしい、見るからにボリビア先住民の女性がつくってくれたスープには、トサカがついたままの鶏の頭がゴロンと入っていた。

塩湖に映りこむ姿が魚に見えることから、「ペスカド（魚）」と呼ばれる島はサボテンだらけだった。島の周囲は塩が白く乾いているので歩いて一周してみたら、野ウサギとダチョウのようなニャンドゥーがいた。

その日は前日とは打って変わった晴天で、白い雲が浮かんだ青空が映りこんだ湖面を車で走るとまるで空を飛んでいるようだった。子供がプールで足をバシャバシャしているような音を立てて車は走る。すぐに塩で曇るフロントガラスを時々水で洗い流しながら進む。

翌朝は、まだ暗いうちにチリに向かって出発したが、方角がわからなくなって足止めをくらった。外の景色は、満天の星空が塩湖に映りこんで、足元に星が転がっているようだ。手を伸ばせば星が拾えそうだった。空の青や水色や紫が湖面に映って、湖が空で空が湖のように思えた。もし天国というところがあるのなら、こんなふうなのかもしれない。

それにしても寒い。日中に車から見えた塩湖に立つ小さな十字架は、ツアー中に塩湖でエンコした車中で亡くなった凍死者のものだった。

年間300人が転落死する「デスロード」ツアー

初めてボリビアに来た2002年、アルゼンチンとの国境の町、ビジャソンからポトシまで夜行バスに乗った。このバスも寒くて眠れず、寝袋にくるまっていた。あまりに道が悪く、振動で少しずつ窓が開いてくる。冷たい風に目を覚まして窓を閉める。それを何度か繰り返していたら窓が開かなくなった。

どうしたのだろうと見てみると、あまりの寒さに窓が桟に凍りついていた。ボリビアではなにに乗るにしても寝袋と万が一にそなえて携行食がいる。

首都ラパスから、第3の都市コチャバンバを経由して第2の都市サンタ・クルスまで続く幹線道路は舗装されているが、それ以外の道は未舗装の悪路だ。

例外として、サンタ・クルスからコロニア・オキナワ、コロニア・サンファンまでの道はよい。コロニア・オキナワは沖縄出身者が、コロニア・サンファンは九州出身者が多い日本人移住地である。

ボリビアの悪路を売りにしたアクティビティがある。ラパスからユンガス地方コロイコへの道は通称「デスロード」。

崖にへばりつくような細い道が80キロ続く。対向車がすれ違うにも細心の注意を払う。

ボリビアの先住民はモンゴロイドなのだが、かつて奴隷としてアフリカから連れてこられた子孫が多く暮らすコロイコでは、アフリカ系女性が先住民と同じ民族衣装を着ている。民族衣装のアフリカ系女性見たさにコロイコに行ったのは2002年のことだった。当時、デスロードは年間300人が転落死するといわれていた。私が通ったときも数日前に転落したバスが谷底にあった。

2006年に2車線の舗装道路が開通した今となっては、デスロードは旧道であるが、マウンテンバイクで坂を下るツアーが人気だ。わざわざ金を払ってまで危ない目に遭いたい人が、世の中にはわんさといるらしい。

暴動の中、襲撃に遭うも爆睡

2002年、パラグアイの首都アスンシオンに行くため、まずはラパスからサンタ・クルスへと向かった。夜行バスで直行18時間ほどの道のりのはずだった。

明け方、ガラスが割れる音で目が覚めた。あわてて飛び起きると、足元に拳よりも大きな石が転がり、すぐ近くの窓ガラスが割れていた。

まだ夜明け前で街灯もなく、外がよく見えない。大勢がバスを取り巻くようなざわめきがする。暗がりに目を凝らすと、バスの近くには何十人もの軍人と、遠巻きにしているさらに多くの人々が見えた。どうやら眠っている間に、暴動に巻きこまれてしまったようだった。

ボリビアにかぎらず、ラテンアメリカでは道路封鎖による示威運動が日常茶飯事である。幹線道路は、コカ栽培地帯を突っ切っている。

コカ栽培農家が、この道を頻繁に封鎖することはよく知られていた。だとすれば、農地を焼き払われたコカ農家の抗議運動なのだろうか。ボリビア政府に圧力をかけてコカの葉を焼かせているのは、コカインの自国への密輸を阻止したいアメリカ政府である。コカ栽培農家を裏で操っているのは、コカイン密売組織だといわれているが、本当のところはよくわからない。

乗っていたバスがちょっと高級な、座席の広いバスだったのが救いだった。ガラス越しに狙われないように座席をできるかぎり倒し、深く身を沈めた。車体に投石がごつごつあたり続けているが、警護している軍人の数に安心してまた眠った。

次に目覚めたときには外はもう明るかった。進路妨害のために農民たちが置いた、木の切り株やガラス片、粗大ゴミなどが道路上に派手に散乱している。それらの障害物を軍が片づけ終わるたびに、バスはのろのろとわずかに進む。

時々、窓を閉めるよう軍人から指示が出た。そのたびに外では、催涙ガスがもうもうと白く立ちこめる。異様に暑いが窓を開けるわけにはいかない。

高級なバスにも、トイレはついていないのがボリビアクオリティだ。あまりの暑さに尿意も催さない。もう何時間もなにも食べていないが、空腹も感じなかった。乗っているバスの前に、もう1台のバスが進んでいた。

その前方で、軍が農民を制圧しているようだったが、前のバスの陰に隠れてなにも見えない。乾いた発砲音が何発も聞こえた。この衝突で4人の死者が出たことを後日アスンシオンで知った。

結局、ラパスからサンタ・クルスまで暴動に阻まれながら23時間、サンタ・クルスからアスンシオンまで雨で泥沼と化した道をのろのろ進むこと68時間、計91時間バスに乗り続けたあの日から17年が経った。

ボリビアには、10年以上行っていない。世界一危険と悪名高かったデスロードに代わる道ができたように、他の道路も舗装されただろうか。

なるほどさすがにウユニ塩湖は美しいには美しいのだが、どろどろの泥沼に足をとられて、何度もすっころびながら泥まみれで用を足したことは、一生のうち何度でも思い出し笑いできる。

ペルー

ペルーの食べ物
クイ
食用ねずみ
チチャ・モラーダ
紫トウモロコシ
アグアヘ
女性はホルモンバランスが整い、
男性はハゲなくなるという
古代魚
コロンビア
エクアドル
チューニョ
フリーズドライにした
ジャガイモ
クエラップ遺跡
ユリマグアス
イキトス
トゥクメ遺跡
ウカヤリ川
コンタマナ
ブラジル
マラニョン川
トルヒーヨ
チャンチャン遺跡
プカルパ
マチュピチュ遺跡
ワラス
トレッキングのメッカ
アヤクーチョ
ワリ文化遺跡の宝庫
ビニクンカ山
標高5100m
通称「レインボーマウンテン」
カラル遺跡
紀元前2500年前後の都市
リマ
チョケキラオ遺跡
クスコ
インカ帝国の首都
バジェスタス島
(Islas Ballestas)
通称「リトルガラパゴス」
サルカンタイ
チチカカ湖
ナスカ
地上絵
ボリビア
アレキパ
コンドル観察ツアー
チリ

ペルーには2002年、2006年、2007年の3回行っている。「運び屋」で行ったことはまだない。メキシコと同じくペルーはしばらく無沙汰をすると遺跡が増える。地表と時間に埋もれた遺物の数はもはや増えようがないのだが、発掘と修復を終えて公開された遺跡が増えるのである。しかもまだまだ新たに発見され続けている。2019年にも北部ランバイエケでインカ時代の貴族の墓が見つかったばかりだ。

ペルーというと、「マチュピチュ」を連想する人も多いかもしれないが、日本人のマチュピチュ好きは、アメリカはテキサス州の空港で働く税関職員のインド人にも知られているほどだ。

数あるペルーの遺跡の中でマチュピチュが一番のドル箱なのは、アクセスがよく、しかも標高が比較的低いからだろう。山の上にあることから標高が高そうに思えるが、マチュピチュの標高は2430メートルでクスコよりも低くて高山病になりにくい。

今が狙い目「第2のマチュピチュ」チョケキラオ遺跡

「第2のマチュピチュ」との呼び名も高いチョケキラオ遺跡。ケチュア語で「黄金のゆりかご」の名を持つインカ文明の遺跡だ。まだ全体の35パーセントしか修復が終わっていないが、それでも見ごたえは十分。

2002年のペルー訪問時は、最寄りの村から歩いて3日かかる、と言われて断念した。今はクスコから3泊4日でトレッキングツアーが出ている。2日でアマゾン川源流のアプリマック川まで1000メートル下って2000メートル上る。1日7時間ずつ、2日で31キロ歩く。ツアーで行くにせよ、自力で行くにせよ、ルートはウアニパカ村からとカチョラ村からの2通りしかない。

ウアニパカ村からのルート上にはサン・イグナシオにユースホステルがあり、カチョラ村からのルート上にはチョケキラオ・キャンプ場とマランパタ・キャンプ場がある。マランパタには民家があり、トイレや飲食、ホースレンタルなどのサービスを提供している。チョケキラオ・キャンプ場には民家はない。ウアニパカ村にもカチョラ村にもホテルはある。これらの宿泊施設を上手に利用して、チョケキラオ遺跡に行くことができる（営業状態は事前に下調べしてください）。ナショナル・ジオグラフィックのベストトリップ2015やロンリープラネットのベストトラベル2017にチョケキラオ遺跡が選ばれた。

直線距離で2キロ離れたキウニャリャ展望台からチョケキラオまでロープウェイを通す計画が進められている。ふもとの村から4キロのロープウェイが開通した「北のマチュピチュ」と呼ばれるクエラップ遺跡にも観光客が押し寄せているらしい。

マチュピチュと同じクスコ県にあるチョケキラオにロープウェイが開通すれば、たちまち観光客が殺到するだろう。そうなる直前の今がチョケキラオ遺跡の行きどきだ。

世界中から観光客が押し寄せるマチュピチュ

マチュピチュには2002年と2007年の2度訪れた。ペルー随一の遺跡の入場料は最初は20米ドルだったが、2度目は倍の40米ドルに跳ね上がり、ついに今は遺跡のみで50米ドルもするらしい。もちろんこれは外国人料金でペルー人の入場料は20米ドル。マチュピチュはペルー人の修学旅行先だが、学生なら10米ドルだ。外国人料金のおかげで1日1000人体制でペルー人が草むしりやら遺跡の保全にあたっている。

以前はいつでも好きなときに入場できたし、閉門まで好きなだけいられたのだが、今は事前予約が必要で入場する時間をあらかじめ決めなければならず、最大滞在時間はたったの4時間。おまけにガイドの同行まで義務づけられている。マチュピチュのバックにそびえるワイナピチュ山には午前200人、午後200人の入山制限もある。しかも、マチュピチュ遺跡のみ、マチュピチュ遺跡とワイナピチュ山、マチュピチュ遺跡とマチュピチュ山とチケットが細かく分かれている。

どれだけお金がかかるんだ……とも思うが、そうでもしなければ、世界中から押し寄せる観光客をさばききれず、保全もままならないのだろう。マチュピチュで儲《もう》かった分を他の遺跡の保全にぜひ回していただきたい。

朝霧の中に浮かび上がるマチュピチュは朝一番しか見られない。以前は遺跡の隣にあるサンクチュアリロッジに泊まって、閉門後にこっそり入れてもらってマチュピチュで満月を見た、という人から直接話を聞いたことがあるが、こうも厳しくなってはもうそんなことはできなさそうだ。そもそもサンクチュアリロッジ自体がお高い上に予約を取るのがたいへんだと聞く。しかも、インカトレイルもガイドやコックなどの同行者も含め1日500人の人数制限があり、人気がありすぎて半年以上前から予約しないと歩けない。

インカトレイルで行くマチュピチュ

インカトレイルとは3泊4日でオリャンタイタンボ先の82キロ地点からインカ道を歩いていくつかの遺跡やアンデスの景色を眺めながらマチュピチュに行くというもの。道中の最高所は4200メートルだ。このインカ道も2014年に世界遺産に登録されているが、インカ道は元インカ帝国だったアンデス山脈沿いの6ヵ国、3万キロにわたっている。インカトレイルで歩くのはそのうちのほんの40キロ弱だ。3泊4日以外にも104キロ地点で列車を降りて始める1日コースもある。これなら歩くのは15キロくらいだ。

日本からのインカトレイルのツアー客は、リマやクスコでほんの2～3日、時差ボケを直して高度順応してこの行程を歩くわけだ。正直なところ、これはかなりきつい。気が利いたツアーではクスコではなく、オリャンタイタンボに泊まる。なぜならクスコは標高3399メートルもあるが、オリャンタイタンボは2792メートルとかなり低いからだ。クスコに泊まったほうが高度順応にはなるが、いずれにせよ、1～2日では不十分だ。

高山病は頭痛くらいですめばよいのだが、中には吐き続ける人もいる。重症の場合は肺に水がたまって死ぬこともある。

クスコで心筋梗塞や脳梗塞になったツアー客の話もちらほら聞く。緑内障の眼圧を下げるダイアモックスという薬が初期の高山病によく効く。わざわざ持参しなくても現地の薬局で買える。高山病は半日遅れで出る。元気だからとむやみに大食したり飲酒したりはしゃいだりしないこと。熱いシャワーも浴びないほうがよい。

私の場合、2002年はボリビアのアンデス高地を陸路で時間をかけて回ってからペルーに来たので問題なし。道中ずっとコカ茶を飲んでいた。利尿作用があり、代謝がよくなって高山病に効くそうだ。その後、エクアドルでコトパクシ山の標高4500メートル地点で横になって爆睡した。普通はそんな高地では横になると息苦しくて眠れなくなるものらしく、登山チーム一同をあきれさせた。

マチュピチュにはクスコから出ている観光列車に乗っていくのが通常コース。しかし、それではあまりにベタすぎる。初マチュピチュは往路をクスコやオリャンタイタンボの逆方向にある水力発電所駅からマチュピチュのふもとにあるアグアス・カリエンテスまでローカル電車に乗った。サンタ・テレサ村からウルバンバ川を手動ロープウェイで渡り、水力発電所駅まで山道を3時間歩いた。2002年当時のサンタ・テレサ村は看板を上げていない宿が3軒ほどあるだけの村で、5年前の水害で温泉が流されたままだった。復路はアグアス・カリエンテスからオリャンタイタンボまで線路沿いを42キロ歩いた。途中でインカトレイル上の遺跡が3つ見えた。

サルカンタイ・トレッキングで行くマチュピチュ

2007年は世界最高所の首都ラパスとクスコで1週間すごしてから標高6271メートルのサルカンタイを望む2泊3日のトレッキングに行った。

当時39歳、けっこうきつかった。1日目は標高3850メートルのソライパンパに泊まるのだが、そこでシアトルから来た台湾系アメリカ人の女性が脱落した。2日目はこのトレイルでの最高地4590メートルを通る。サルカンタイから流れる氷河がすぐ目の前に見えた。サルカンタイは登頂が難しい山として知られ、その前年にドイツ人と日本人の登山家が亡くなっていた。再び途中で通りかかった5年ぶりのサンタ・テレサ村は温泉が再開していて、手動ロープウェイの代わりに橋が２本かかっていた。

ひとり静かにマチュピチュを眺めたい人は、アグアス・カリエンテスのはずれにあるプトゥクシ山に登るとよい。初めの30分は断崖絶壁をずっとはしご、その後50分は上り階段。はしごは何段あるか、何メートルあるかなんて考えたら上れなくなる。落ちたら間違いなく死ぬので、なるべく下を見ないようにしてひたすら上った。プトゥクシ山の頂上からはマチュピチュとワイナピチュが一望できる。

マチュピチュのグッバイボーイ

マチュピチュ名物だったグッバイボーイが見られなくなってもう久しい。

バスがハイラム・ビンガム・ロードのカーブを曲がるとインカの飛脚、チャスキの衣装を着た少年が手を振る。バスがまた曲がると同じ子が手を振る。カーブを曲がっても曲がっても、ふもとまで少年はバスに追いつき続ける。

種明かしはバスはつづら折りの道を走っているが、少年は直線の近道を走っているからだ。このまっすぐな近道は上りはつらいが下りは半時間ほどで楽勝。ためしにグッバイボーイと一緒に走ってみたら、けっこういい勝負だった。２人でゲラゲラ笑いながら追いかけっこをして、彼がバスの乗客にチップの集金に行く前に握手をして別れた。

観光化してほしくない先住民文化

ペルーの陸の孤島イキトス。プカルパからアマゾンの支流ウカヤリ川を3日、船で流されてようやくたどりついた。陸路はないのでイキトスへは船か飛行機で行くことになる。アマゾンの密林のど真ん中にあるイキトスは、海岸砂漠地帯とも山岳地帯ともかけ離れていてとてもペルーとは思えない。ジャングルの奥地に突如現れた別の国のようだ。

イキトスのナナイ港からさらにボートで行くと、先住民ボラ民族とヤグアス民族が住むパドレ・コチャの森がある。

ボラ民族の村に着くと孫の面倒を見ていた女性が「踊りや民芸品を見たいですか？」とスペイン語で聞いてきた。

「いいえ、どうぞいつもどおりにしていてください」と言うと、木の皮のスカートに小枝のペンで線を入れ始めた。一緒に高床式住居に座ってその様子を見せてもらっていた。そこにガイドが観光客を連れて来るやいなや、村中からわらわらとボラ民族の人々が集まり、服を脱いで踊り出した。

ガイドに連れられてきたものの、初老のドイツ人夫婦は「こんなはずじゃなかったのに」と困惑したような顔をしていた。そして、村の集会場のような建物に連行されたご夫婦はおみやげものを買わされていた。

ツアーの観光コースに入れられていないヤグアス民族も素肌に木の葉の首飾りをつけてこぞって出てきた。このいでたちであることが彼らの仕事なのだ。突然服を脱がされて驚いた子供が泣き出すと、「お金がなくて食べ物を買えないから、おなかがすいて泣いているのよ。だから、なにか買ってちょうだい」と目がどろんと濁った女性が言った。

ガイドなしでやってきた私にボラ民族はなにも強制しなかったが、ヤグアス民族には囲まれておみやげものをいくつか買った。有料といわれたので写真は撮っていない。

彼らにしてみれば次いつ来るかわからない貴重な現金収入源なのだが、たかられるのには正直うんざりした。

プカルパからの船で一緒になったシピボ民族の支援活動をしているペルー人が言うには、船が最初に停まるコンタマナという町のすぐ近くで新たな民族が見つかったとのこと。2002年当時の話だ。彼もシピボ民族もコンタマナで船を降りていった。シピボ民族はアイヌの文様に似た幾何学模様のスカートをはいているので一目でわかる。

今も未接触民族を空撮したニュースを見かけるたびに、裸踊りを観光客に見せるような卑屈な文明化をすることなく、ジャングルの中でお金の心配をすることなく、彼らが天寿を全うすることを願っている。

「ここで死ぬのかもな」。謎の果物での食中毒

外国の市場で見たことがないものを見つけるのはとても楽しい。けれど、旅の経験値が上がるにつれて、物珍しいものは少なくなる。しかし、アマゾンの市場には見たことがないものしかなかった。解体されたカメとその卵、鎧《よろい》のようなかたい鱗《うろこ》の魚、煎じて飲む乾燥させた薬草、甘くて吊《つ》るしておかないとアリがたかる果物。市場のゴミを漁《あさ》っているのは、カラスではなくハゲタカだった。町角の屋台でアグアへという果物や脂のよくのった焼き魚、バナナの葉で包んだファネというちまきごはんを食べた。

アグアへはしぶくてまずいのだがイキトスの人は健康のために毎日10個ずつ食べる。女性はホルモンバランスが整い、男性はハゲなくなるという。食べすぎると女性っぽくなるらしい。最近、アグアへは育乳サプリとして日本でも見かけるようになった。

同じ道はたどらず、なるべく一筆書きの道を行く。イキトスまでの往路はプカルパから川を下ってきたのだが、復路はユリマグアスまでさかのぼった。往路も復路も3日ずつの道のりだったのだが、帰りは死にそうな目に遭った。

アマゾンでは乗客が十分に集まるまで船が出ない。時刻表など、あってないようなものだ。出発するまで3日も待った。客が集まれば出航するということは、つまりいつ出るか

わからない。港に停泊した船の甲板にハンモックを吊るして待った。一度食事が配給された以外は港の食堂で買ってきて食べた。ゴミだらけの港をネズミが走り回っている。

急に吐き気がしてアマゾン川に盛大に吐いた。嫌な予感がした。これは悪化する。ここで降りればよかったのだが、3日待ったことを思うと降りる決心がつかない。迷っているほんの10分ほどの間にわらわらと人が乗りこんできて最悪のタイミングで出航した。

アマゾンを行く船は全部泥棒船だ。四六時中、誰かが降りて誰かが乗ってくる。外国人でも現地人でも隙があればなんでも盗まれる。病人にだって容赦ない。胃が空になって小康状態を保っている間に、バックパックを柱に鎖でぐるぐる巻いて鍵をかけた。脱いだ靴も吊るしたハンモックの中に入れた。

食あたりの原因として考えられるのは果物だけだった。果物は暑いジャングルで唯一の生ものだ。吐く直前にパッションフルーツのようなすっぱい果物を食べたのだが、腐って余計にすっぱくなっていたのだろう。見たことも食べたこともない未知の種類だったので、元々そういう味なのかと食べてしまった。

嘔吐《おうと》の後は下痢だった。すぐに血便が出始めた。そして、かつて体験したことがないほどの腹痛と鳥肌が立つほどの寒気に襲われた。暑いのだが寒い。体中から冷たい汗が吹き出した。腹痛と寒気には波があった。治まっている間にトイレに通う。そのうちになにも出すものがなくなって、はがれた腸の粘膜が出てきた。透明な寒天のようなものに、薄皮のような白い組織片が混じっている。おまけに肛門までがひりひり痛む。

とっくに使用期限が切れていそうな下痢止めを船の売店で買って飲んだが、予想どおりになにも効果はなかった。たとえまともな薬だったとしてもさほど効かなかっただろう。腐った果物が通ったとおりに酸で消化器官が焼けているのだから、普通の下痢などではないのだ。

隣のハンモックのペルー人のにいちゃんが「腹に塗ってマッサージしろ」と大まじめにメンソレータムを分けてくれた。腹痛と寒気の波が引いているうちは、そんなおバカな優しさにもつき合えたが、ひとたび波が来るとそんな余裕はとてもない。がたがた震えて腹を押さえて丸まっていた。

「ここで死ぬのかもな」と思ったとたん、おなかがすいていることに気がついた。よたよたしながら配給の列に並んでいると、ぐるぐるとひどい目眩《めまい》がしてしゃがみこんでしまった。

「あんた、病気なんでしょ。代わりにもらってきてあげるから横になってなさいよ」

見るに見かねたペルー人の女性が代わりに食事をもらってきてくれた。ありがたかった。

彼女が持ってきてくれたのは、肉の塊がごろんと入った雑炊だった。肉は今朝殺されたばかりの豚だった。アマゾンの船には冷蔵庫がない。鶏や豚を生きたまま積み、船上で殺す。その日は朝早くから断末魔の声が聞こえたので、料理が来る前から豚なのはわかっていた。旅先で食べたものの中で一番おいしかったものをよく聞かれるが、このときの殺したての豚ほどうまいものは後にも先にもない。

特に脂身がうまかった。酸化する前の脂が口の中でとろけた。肉は熟成させたほうがうまいのかもしれないが、パック詰めされた脂は店頭に並ぶときにはすでに酸化している。熱帯の暑さは熟成も酸化も待ってくれない。生きとし生けるものすべてが死を迎えた瞬間から急激な腐敗が始まるアマゾンでは食肉処理の直後に食べるしかない。

豚のおかげでその後は劇的に回復した。ユリマグアスで船を降りるとその足で薬局に行った。抗生物質のおかげでやっと血便が止まった。はがれ落ちた腸の粘膜が生えそろうまで、食べたものがほとんどそのまま出てきた。ほうれん草を食べれば緑色の、ミカンを食べればオレンジ色のペーストがほんの小1時間ほどで排泄《はいせつ》された。こんな辺鄙なところで万が一使い回しの注射器を使われたら、それこそ一巻の終わりなので病院には行かなかった。下痢が治まるまでに1ヵ月、健康な便が出るまでに3ヵ月かかった。健康な便が出たときには、その完璧な形に感動すら覚えた。

ベネズエラ

ベネズエラグルメ
カチャパ
とうもろこしの粒をつぶしてつくったパンケーキ。ケソ・デ・マノというモッツァレラのようなチーズをはさんで食べる
アヤカ
バナナの葉で包んだベネズエラのちまき
アレパ
とうもろこしの粉でつくったパン。中にチーズや煮豆、肉をはさんで食べる
エンジェル・フォール
落差978m
ロス・ロケス諸島
カリブ海リゾート
干潮時にトンボロ現象
マラカイボ
カタトゥンボの雷
世界一よく雷が発生する
マルガリータ島
カラカス
オリノコ・デルタ
ワラオ民族
マラカイボ湖
シウダー・ボリバル
エンジェル・フォールツアーの拠点
グリ貯水池
ロス・ジャノス
広大な湿原
バリナス
ロス・ジャノスツアーの拠点
カウラ川
オリノコ川
エンヤが歌った
パラ滝
イグアスの滝に匹敵
カウラ川ツアーハイライト
カナイマ
ペモン民族
ピンク色のアマゾンカワイルカ
ロライマ山
メリダ
世界最高所のロープウェイ
長さは世界で2番目
サンタ・エレナ・デ・ウアイレン
ロライマ山観光拠点
プエルト・アヤクーチョ
ヤマノミ民族に会える
アマゾンツアーの拠点
ガイアナ
ブラジル
コロンビア
サリサリニャーマ
8つの巨大陥没穴があるテーブルマウンテン

中東サウジアラビアを抜いて南米ベネズエラは原油埋蔵量世界一だ。ギアナ高地には20億年前の地質がそのまま残っている。広大な面積のカナイマ国立公園には100のテーブルマウンテン（頂上が平らな山）と300の滝があると言われている。

ミスユニバースをはじめ、ワールドワイドなミスコンで多くの優勝者を輩出している。また、カブレラやペタジーニ、ラミレスなど、アメリカや日本で活躍したプロ野球選手もベネズエラ出身だ。これだけの天然資源と観光資源と人的資源に恵まれていながら、ベネズエラは深刻な経済危機にあえいでいる。

食料や薬を外貨不足から輸入できず、2019年にIMF（国際通貨基金）は、ベネズエラが1000万パーセントのハイパーインフレに陥ると予測している。原油価格が急落した2014年に経済破綻、2017年に事実上すでにデフォルトに陥っている。2008年に1000分の1、さらに2018年に10万分の1にデノミ（新紙幣発行や、現行貨幣の数字を書き換えたりすること）しているが、焼け石に水だ。

殺人や強盗などの重犯罪数は激増。毎日のように停電。すでに餓死者も出ている。病院はベッドも薬も足りず、助かる人も助からない。日々、国外への国民の流出が止まらない。

私がベネズエラにいた頃

２００３年にベネズエラに半年以上いた。その後は２００５年にテレビ番組のアテンドで一度訪れた。当時は大統領としてチャベスが就任していた。

すでに首都カラカスでは暴動が頻発していた。カラカス在住の知人は自宅で強盗に襲われ、私が住んでいたシウダー・ボリバルでも夜中に銃声で飛び起きるほど治安は悪かった。メリダでは学生デモと警官隊の衝突に巻きこまれ、火炎瓶と催涙弾が飛び交う中を走った。当然違法ではあったが、当時も闇両替が横行していた。ハイパーインフレは今ほどではなかったが、すでにベネズエラ紙幣は紙くず同然だった。

まさか高齢のキューバのカストロよりも、チャベスが先に亡くなるとは思わなかった。

現在ベネズエラの大統領はチャベスの副大統領だったマドゥロだが、２０１９年の２期目からはベネズエラ議会から承認されておらず、グアイド国会議長が暫定大統領である。つまり、２０１９年5月現在、ベネズエラ国内には対立する二人の大統領がいる。

ベネズエラの中にいた当時はチャベスが善人なのか悪人なのかがよくわからなかったが、岡目八目となった今、彼が今も続く諸悪の根源だとはっきり言える。

諸悪の根源チャベスの置きみやげ

貧困層の子供たちで編成されたオーケストラ、エル・システマのように、チャベスの貧困層を救うという理念はよいのだが、そのやり方がまずかった。

国際石油資本を追い出し、石油生産のための設備投資を社会事業に回したのだ。そのため、石油生産量はこの70年で最低になった。

半年を超える滞在中、ベネズエラのあちこちに出かけたが、ついぞ田畑を見たことがない。石油を輸出した金で食料を輸入していたのだが外貨が尽きてしまった。

南米の経済はアメリカとの関係が難題

いくら原油が豊富でも、原油を飲んで腹を膨らすわけにはいかない。50年前にはベネズエラは「南米の優等生」とよばれていた。たしかにシウダー・ボリバルでお世話になった日本人は「当時のベネズエラは日本よりもずっと進んでいたから移住した」と言っていた。

ベネズエラだけでなく、ラテンアメリカの国々にとって、アメリカといかにつき合うかが常に問題だ。たとえば中米は長らく米国ユナイテッド・フルーツ社のいわゆるバナナ共和国だったし、中米紛争はアメリカとソ連の冷戦下の代理戦争だった。

マドゥロがアメリカからの救援物資を受け取らなかったのは、アメリカの懐柔政策を恐れたからだ。キューバ革命時、カストロは反米ではあったが、社会主義ではなかった。しかし、これ以上アメリカにいいようにされないためには、すべてを国営化して米国資本をシャットアウトするしか方法がなかった。

とはいえ、技術も投資もなければ資源は宝の持ち腐れだ。実はキューバも原油があるらしいが自力で掘削、生産できないと現地で耳にはさんだ。

アメリカをはじめ、外国資本に完全に門戸を閉ざすとどうなるか。ベネズエラはそれを実践して大失敗をした。生前に貧困層を救おうとしたチャベスは、死後に国全体を未曽有の貧困に陥れたのである。

ベネズエラ、今は行ってはいけません！

今のベネズエラは物見遊山で行くようなところではもはやない。

確実に外貨を持っている外国人は格好の標的だ。

また次来たときに行けばいいや、と見どころをたくさん残してきてしまった。特にベネズエラのパンタナール湿原、ロス・ジャノスに行っておかなかったことが悔やまれる。当時ロス・ジャノスには体長13メートルの大蛇がいたが、さすがにもう生きてないだろう。

今は読んで楽しんで！　ベネズエラ観光事情

カナイマ国立公園のハイライトは、ロライマ山とエンジェル・フォールだ。

ロライマ山は5泊6日、エンジェル・フォールは1泊2日のツアーだ。ロライマ山は登山なので乾季の12月から4月まで、エンジェル・フォールは滝の水量が増える雨季の5月から11月までがシーズンだ。ということは、ベストシーズンには同時には行けない。

ロライマ山に登ったのは6月初めだった。ロライマ山は標高2810メートルなのでそんなにきつくない。しかも、このツアーは1日4時間しか歩かず、山頂で丸2日過ごす。ガイドは隣国ガイアナ人で英語をしゃべる。ガイアナは元イギリス領で英語が公用語だ。

カナイマ国立公園には先住民ペモン民族が住んでいる。ツアーはまずペモン民族の村、サンフランシスコ・デ・ユルアニに寄り、そこでポーターを2人雇った。ロライマ山へは必ずペモン民族のポーターをつけねばならず、その料金は彼らの現金収入となっている。

山頂はとにかく寒く、霧がたちこめている。一日中、小雨が降ったり止んだり。しかし、これは一番雨が多い時季に行ったからだろう。ロライマのふもとで一度渡渉したが、雨で川の水が多く、流されそうになりながら渡った覚えがある。

その2年後はやはり雨季の11月に2度目のロライマに行ったのだが、その日はずっと快晴だった。そのときはテレビのロケハンでヘリコプターで行った。上空からはいくつものテプイ（テーブルマウンテン）が見渡せた。地上にはペモン民族の土壁の小さな家や、子を背にのせたアリクイが見えた。

コナン・ドイルの『失われた世界』の舞台だけあって、ロライマ山頂は奇岩だらけで不思議な光景が広がっていた。かたい岩盤にしがみつくように生えている植物はほとんどが固有種。土中から十分な栄養が得られないのか、食虫植物が多い。日本からのツアーに同行した植物学者が「見たことのない植物ばかり」と言ったという。ここの植生についてはブラジル国籍を取得した今は亡き植物学者の橋本梧郎先生が一番詳しいと後に聞いた。

アマガエルよりも少し大きいくらいの真っ黒な跳ねないカエル、オリオフリネラはロライマ山とその隣のクケナン山にだけ生息する。水かきがなくて泳げない。オタマジャクシにならず、カエルのままで孵化《ふか》する。寒い中を石にしがみついていて健気《けなげ》だった。

ペモン民族によるとクケナン山にはけっして登ってはいけないのだそうだ。ペモン語でクケナンとは「死にたい」とか「死にに行く」とかいう意味らしい。クケナンに行った者は二度と戻ってこず、いくら捜しても遺体が絶対に見つからないと言っていた。

ベネズエラ軍人による拘束事件。誇り高き大和魂で殺されずにすむ

ロライマ山への拠点となるブラジルとの国境の町サンタ・エレナ・デ・ウアイレンからエンジェル・フォールへの拠点となるシウダー・ボリバルまで、ロライマ山ツアーに一緒に行った日本人3人とバスで移動した。途中、トゥメレモというところで検問があった。

外国人の我々だけ4人そろって荷物ごと降ろされ、バスはそのまま行ってしまった。

パスポートを取り上げられているのでなにもできない。2時間半ほど待たされた。

これはややこしいことになりそうだ。

「カサブランカ」と呼ばれる軍の施設に連行される。いかにもバカにした態度でパスポートに難癖をつけてきた。ブラジルビザのページを開いてビザに問題がある、と言ってきた。バカはお前だ。ここはブラジルではない。ベネズエラだ。日本人は、ベネズエラ入国にビザはいらない。

賄賂をむしり取るためのいちゃもんだ。

さらにパスポートを返してもらえないまま2時間半が経過。スペイン語がわかる私一人が別室に入れられ、若い軍人がついにあからさまに金をよこせと言ってきた。一人ならここで殺されるかもしれないが、4人殺すとさすがに大事になる。彼らにとってもそれはまずいだろう。

シウダー・ボリバルに知り合いの日本人がいて、明日までに着かないと日本大使館に連絡が行くこと、明日日本大使館に電話してここで起きたことを全部報告するつもりであることを伝えた。

その時点でベネズエラに知り合いは一人もいない。口から出まかせだ。

「物乞いみたいに金をせびるな。ベネズエラ人よ、誇り高くあれ」と、演説を締めくくる。若造は上司と相談してくると部屋を出ていき、しばらくして戻ってきた。「日本大使館には言うな」と、彼は釘を刺しながら4人分のパスポートを私に手渡した。

これはあくまでも2003年の話だ。今なら1人だろうが4人だろうが殺されている。無法地帯と化した今のベネズエラではマフィアも軍人も似たようなものだ。もうこの時点で国からの給料の支払いが滞っていたのかもしれない。

2019年5月現在、救援物資の搬入を阻止するため、ブラジルやコロンビアとの国境が閉鎖され、ベネズエラの大部分に渡航中止勧告が出ている。

日系人が多い隣国のブラジルでは人種差別は感じなかったのだが、ベネズエラは東洋人差別がひどい。元々、中国人は鉱山労働者としてベネズエラに入植したらしい。今もそのイメージが根強く残っているのだろう。ベネズエラは原油だけでなく、鉄も金もダイヤモンドもとれる。ボリビアと同じく、今のベネズエラは黄金の玉座に座る物乞いだ。

ロライマ山に一緒に行ったご夫婦が、トレッキング中にバックパックに入れていた結婚指輪がなくなっていることにシウダー・ボリバルで気がついた。

海外旅行保険申請のため、盗難証明書をもらいに警察に行ったところ、チーノ（スペイン語で「中国人」または「東洋人」とバカにされ、またも賄賂を要求されたそうだ。証明書の代わりに私が証人として一筆書いて事なきを得た。ベネズエラは特にひどいが、ラテンアメリカの軍人と警察はどこもこんなものだ。

エンジェル・フォールに魅せられて

2003年にベネズエラに着いたとき、日本を出てからすでに1年半が経っていた。高さほぼ1キロの滝、エンジェル・フォールのあまりのすごさに、しばらくカナイマ国立公園でガイドをすることにした。滝の水はあまりに水量が多いとスローモーションで雪崩が落ちていくように見えるものなのだ。

チリから反時計回りに南米を回ってきたので、まだコロンビアとエクアドルが残っていた。2ヵ月弱で残り2国を回った後、またシウダー・ボリバルに戻ってきたが、ガイドの口はなかった。しかし、よかったらうちで働かないかとエンジェル・フォールツアーに行った旅行代理店のオーナーのギジェルモが言ってくれたのでしばらくいることにした。

自分のウェブサイトで宣伝したり、各地に移動する旅人にビラを託したりしたかいあって、シーズン中は毎日のように日本人客が来た。

代理店のすぐ近くの民家の一室を間借りして、好きな時間に重役出勤。シウダー・ボリバルはベネズエラで2番目に暑い町だ。下宿先にはエアコンがなかったので、いくら重役出勤でも暑くて日が高くなるまでとても寝てはいられなかった。

押しこみ強盗にやられるので代理店は昼間でも施錠していた。丸腰のお客の姿をガラス越しに確認して店内に招き入れる。世界一周中のバックパッカーや日本からダイレクトでベネズエラに来る人の相手を日がな一日していた。

刺されるだけでなく、寄生されないように注意！

日本人バックパッカーのカップルがこんな話をした。ある日、彼女の背中に穴が開いているのに彼氏が気づいた。中を見るとなにか白いものが動いている。

ピンセットでつまみ出すとウジが出てきた。

寄生された彼女によると、動いているのはわかるが痛くはないそうだ。どうもそれはヒトヒフバエの幼虫らしい。人のおでこから虫が出てきたのを見たことがあるとギジェルモが言っていたので、このあたりの国ではそんなに珍しいことではないようだ。

南米の熱帯地域では保健所で黄熱病の予防接種が無料か安価で受けられる。黄熱病もマラリアもデング熱も蚊が媒介する感染症だ。ベネズエラのツアーでは屋根と柱だけの先住民の家屋にハンモックを下げて寝ることが多いのだが、必ず蚊帳を上からかける。そうしないと蚊にたかられて寝るどころではない。

ハンモックの生地越しにも刺される。蚊は熱に集まるので停めたばかりの車のボンネットの上に「蚊玉」ができることがある。あの大群にたかられたら、えらいことになる。蚊帳は吸血コウモリよけでもある。熱帯では犬だけでなくコウモリも狂犬病を媒介する。

ベネズエラでは、ゴキブリに手の指をかじられて飛び起きたことがある。隣のコロンビアでも同じ目に遭った。なぜかゴキブリは手の指をかむ。日本のものより一回り大きいが色は薄い。しかも気持ち悪いことに頭のつけ根に黄色い斑点が一つある。

ベネズエラ先住民の食事情

ベネズエラ先住民の主食はユカ芋だ。カサベというユカせんべいをよく食べる。カサベ自体には味はない。軽くトーストしてガーリックバターやシロアリの辛いソースをつけて食べるとおいしい。ユカのしぼり汁を煮詰めたソースにシロアリを入れるのはキムチにオキアミを入れるようなものらしい。ユカ芋はどぶろくにもなる。育てるのも簡単だ。

オリノコ川支流カウラ川の奥地エル・プラジョンではサネマ民族が大きなモロコトという白身魚やナマズを釣って食べていた。魚一匹で10人分は優にありそうだった。

ジャングルでとれるものでは、ラパというウサギのようなネズミのような小動物がおいしいとサネマ民族が教えてくれた。木陰をのしのし歩いていた体長1メートルは軽くあるオオトカゲも食べるんだろうなあ。

ベネズエラ、それから

元から電気もガスも水道もなく、お金に頼っていないエル・プラジョンには、現在の経済危機の影響はほとんど及んでいないだろう。シウダー・ボリバルにあった私が働いていた旅行代理店はもうない。オーナーのギジェルモは、2011年のクリスマスの5日前、自宅に押し入った強盗に殺されてしまった。そして、代理店のスタッフとして一緒に働いていた彼の妻のマリーは、2018年に2人の幼い息子を連れてペルーに国外脱出した。今、彼女は仕事を見つけてリマで暮らしている。

客足が途絶え、ガイドの仕事がなくなり、お金に困ったペモン民族が金の不法採掘を行い、世界遺産カナイマ国立公園は自然破壊が進んでいるらしい。エンジェル・フォールのツアーでカラオ川をボートでさかのぼるとき、空には濃いオレンジ色が鮮やかなギアナイワドリが飛んでいた。川面にはカワウソの親子が顔を出してボートに向かってミャー、ミャーと猫のように鳴いていた。もうあれは遠い過去のことになってしまったのだろうか。

メキシコ

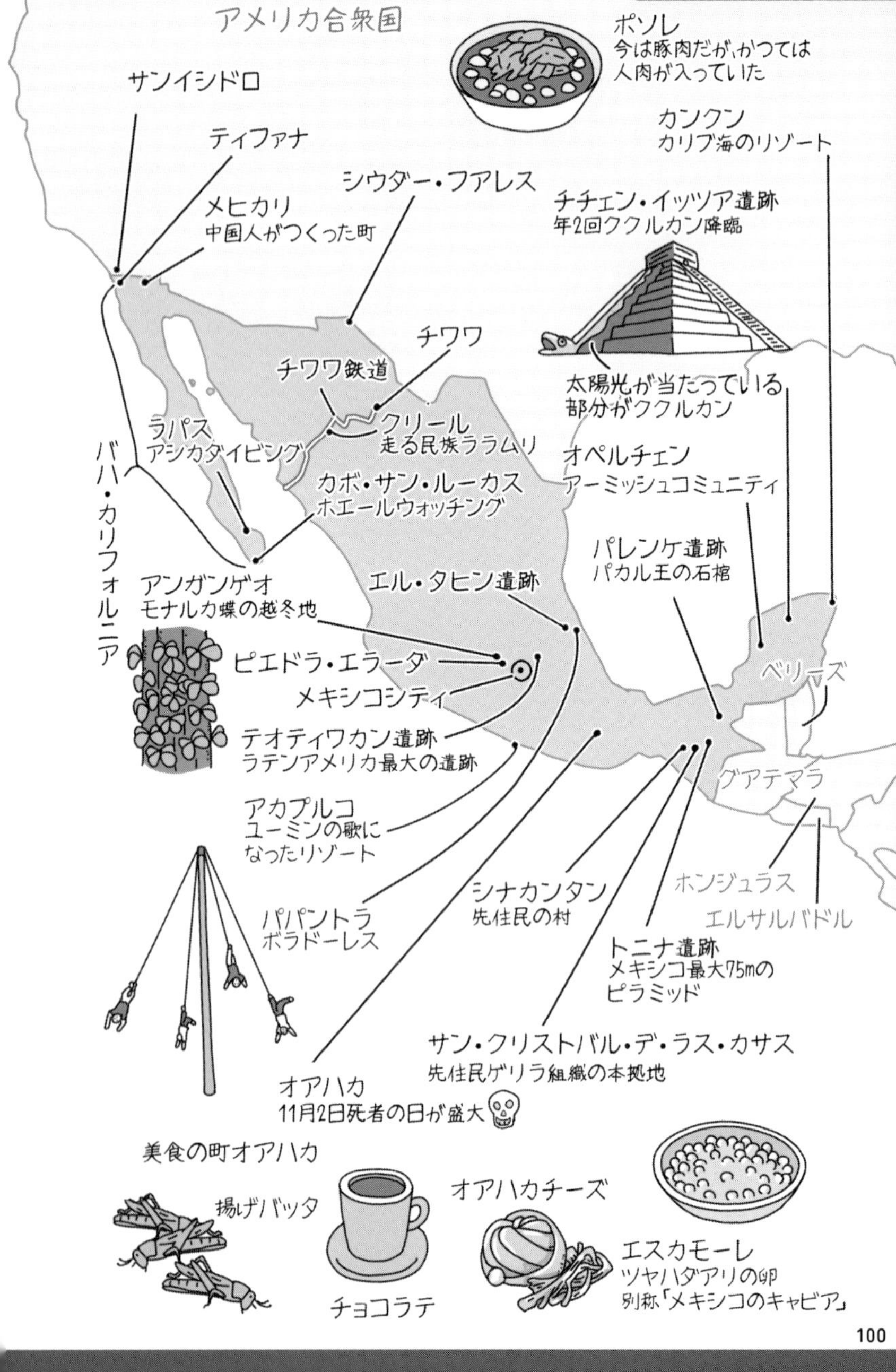

アメリカ合衆国
ポソレ
今は豚肉だが、かつては
人肉が入っていた
サンイシドロ
ティファナ
メヒカリ
中国人がつくった町
シウダー・フアレス
カンクン
カリブ海のリゾート
チチェン・イッツア遺跡
年2回ククルカン降臨
チワワ
チワワ鉄道
太陽光が当たっている
部分がククルカン
クリール
走る民族ララムリ
ラパス
アシカダイビング
バハ・カリフォルニア
カボ・サン・ルーカス
ホエールウォッチング
オペルチェン
アーミッシュコミュニティ
パレンケ遺跡
パカル王の石棺
エル・タヒン遺跡
アンガンゲオ
モナルカ蝶の越冬地
ピエドラ・エラーダ
メキシコシティ
ベリーズ
テオティワカン遺跡
ラテンアメリカ最大の遺跡
グアテマラ
アカプルコ
ユーミンの歌に
なったリゾート
シナカンタン
先住民の村
ホンジュラス
エルサルバドル
パパントラ
ボラドーレス
トニナ遺跡
メキシコ最大75mの
ピラミッド
サン・クリストバル・デ・ラス・カサス
先住民ゲリラ組織の本拠地
オアハカ
11月2日死者の日が盛大
美食の町オアハカ
揚げバッタ
オアハカチーズ
チョコラテ
エスカモーレ
ツヤハダアリの卵
別称「メキシコのキャビア」

初めてメキシコに行ったのは２０００年。グアテマラに行くために通過した国、と言ったほうがいいだろうか。

アメリカ・サンイシドロからメキシコ・ティファナへ陸路で抜けた。アメリカからの入国者は72時間以内の滞在なら手続きはいらない。国境を越えた日はどしゃ降りだったので、バスを降りずに町まで行き、翌日入国スタンプをもらいに出直した。

このときはアメリカからメキシコに行ったせいか、そんなに差は感じなかった。それ以来ティファナには行っていないのだが、夜に別のところでアメリカ側のホテルから国境を眺めていて、メキシコ側のほうが明かりがより密集していることに気づいた。

人口密度が高いのだ。それでも、やはり陸路で越えたメキシコからグアテマラ、アルゼンチンからボリビアに比べたら、アメリカからメキシコはそこまでの差は感じない。

その後メキシコには、２００８年、２０１０年、２０１２年とガイドブックの取材で１ヵ月ずつ行っている。その後も「運び屋」の仕事で50回以上は行っているが、一度の滞在は１～３日、短ければ弾丸０泊、長いときはロストバゲージで足止めを食らって１週間いたこともある。

最初と２度目の間が８年空いたものの、その後はメキシコに10年以上頻繁に通っている。

かつてメキシコの一部だったアメリカ

「運び屋」の仕事でアメリカに行くときは、カリフォルニア州やテキサス州が行き先であることが多い。アメリカのカリフォルニアの南にメキシコのバハ・カリフォルニアという半島があるのだが、元々はアメリカのカリフォルニアがアルタ・カリフォルニアで、メキシコのカリフォルニアがバハ・カリフォルニアだった。アルタとバハは「上」と「下」という意味だ。カリフォルニア州もテキサス州も元々はメキシコ領だ。

アメリカなのに荷受人はメキシコ人がやってくることが多い。宿泊先のホテルのスタッフもファストフードの店員もヒスパニック系だ。

空港でホテルのシャトルバスに乗りこむと、ロペスとかゴンサレスとかスペイン系の苗字のIDを下げた運転手にさっそくスペイン語で話しかけられる。

「あんた、スペイン語しゃべれるだろ?」

ホテルに着いたらレセプションの、サンチェスとかガルシアとかいうこれまたスペイン系の名札のスタッフが、満面の笑みで言う。

「俺らもスペイン語しゃべれるから心配すんな!」

ヒスパニック系に、スペイン語でねぎらわれるほうがよっぽど心配だ。

一度「スペイン語をしゃべるとなぜわかるのか」と聞いてみたことがある。誰もその質問にまじめにこたえてくれようとはしない。

そんなこんなで英語を一言も発する必要に迫られないまま、アメリカでの一日が終わる。

トランプよ、アメリカの歴史を学べ。されば愚策に気づくであろう

1848年米墨《べいぼく》戦争でメキシコ領土の3分の1がアメリカになった。つまり、現在のアメリカの一部は、かつてのメキシコなのだ。今となってはアメリカへの入国審査官や税関職員としてヒスパニック系が多く働いている。すでにアメリカ国内からゆるやかにメキシコが始まっている。だから、トランプよ、国境に壁などつくっても無駄なことなのだ。

空路でメキシコに行っても、機内では外国人用でなく、メキシコ人用の入国書類を手渡される。私は、思いっきりアジア顔なのだが、メキシコの先住民がいくらモンゴロイドとはいえ、これにはなにか理由がある。南米に日系移住者は多いが、北米のメキシコには少ない。アメリカとの国境の町メヒカリは1903年にカリフォルニア州を追われた中国人がつくった町らしい。メヒカリには多くの中華料理店と中国領事館、そして中国国民党支部がある。どうも私は、ここの華僑だと思われているようだ。

叫ぶ詩人の会のドリアン助川（明川哲也）の著作に『メキシコ人はなぜハゲないし、死

ないのか』というタイトルの本がある。この「死なないのか」とは、「長寿」という意味ではなく「世界でもっとも自殺率が低い」という意味である。「ハゲない」は特筆されていなかったが、推察するにストレスなく生きていて、髪が抜けない、つまりストレスの少ない社会だと言っているのかもしれない。

初めてメキシコに来た当時はそのタイトルのとおりだった。しかし、何年か前に首都メキシコシティで人身事故による地下鉄の遅延に巻きこまれた。女性が飛びこんだらしい。日本では事故処理が早いが、メキシコではまだそこまで自殺者は多くないのでダイヤの乱れは終日続いた。

心なしかハゲも増えたような気がするし、忙しそうな人が確実に増えた。そりゃ、20年も経てばメキシコも変わる。

世界危険都市ランキング上位。しかし被害は石けん箱のみ

人口10万人あたりの殺人発生件数に基づく、世界でもっとも危険な50都市ランキングが毎年発表されるのだが、例年50都市のうち、だいたい半分に行ったことがある。それはラテンアメリカ、特にメキシコの都市が多くランクインしているせいだ。しかし、頻繁に渡《と》墨《ぼく》している割には危ない目に遭ったことはない。

初めてのメキシコで泊まったオアハカのホステルで、シャワールームにうっかり置き忘れた石けん箱を盗まれた以外は、なにも盗られてはいない。しかも、盗られたのは石けん箱だけで石けんは残されていた。

日本人駐在員の中には強盗被害に遭った人もいるが、あまりに日常茶飯事なのでいちいちニュースにはならない。特に治安が悪いところでは、夜間外出禁止令が出ることもある。いずれにせよ日暮れ以降は外出しないに越したことはない。海外の狭い日本人社会、しかも外出できない、英語も通じないではさぞかしストレスがたまりそうだ。

現地に住んでいても油断は禁物！

メキシコのとある町で、いつも荷受けに来ていた邦人男性がメキシコ人の妻と幼い娘を連れて帰国してしまった。

なんでも妻のお姉さんが看護師として働いている病院で銃撃戦があり、メキシコという国に住むのがほとほと嫌になってしまったのだそうだ。おそらくマフィアの一味が入院していて、敵対する組織からヒットマンが送られてきたのだろう。

その前にも彼は怖い経験をしていた。

タクシーに乗りこんだところ、間髪いれずに男がもう一人、同じ後部座席に乗りこんできたのだ。あわてて彼は反対側のドアを開けて逃げた。当然、運転手と男はグルだ。とっさのリアクションが少しでも遅ければ、強盗か誘拐の被害者となっていただろう。これではトラウマになるのは無理もない。

その町では送迎と朝食がついた空港ホテルに必ず泊まる。町の中心から空港までの道路が万が一抗議デモなどでブロックされると、帰国便に乗れなくなるからだ。

ある朝、ホテルで朝食ビュッフェを食べに下りていくと、警察官が10人いた。防弾チョッキを着ているのはうち2人だから、どうも大事ではなさそうだ。彼らはすでに一仕事終えた後らしく、ビュッフェで朝ごはんを食べて引き挙げていった。昨夜は同じフロアの部屋から一晩中、男女の大きな笑い声が聞こえていた。クスリでもやっていたのだろう。

赤信号では止まるな！　注意しながら進め

別の町での話。作業着姿で空港に現れた日本人の荷受人が、親切に車でホテルまで送ってくれた。

かなり町の中心に近づくまで、交通量が少ない道だった。途中、車の助手席からフロントガラス越しに、前方、道路の真ん中に大きな穴がぽっかり開いているのが見えた。それは蓋《ふた》がなくなったマンホールだった。

「誰かが盗んで売ったのでしょう」と穴をよけながら運転手氏は、さして珍しくもないという口ぶりで説明した。

ラテンアメリカではこんな道は赤信号でも止まってはいけない。止まったら最後、暗がりから人がわらわらと出てきて、たちまちホールドアップさせられる。赤信号でも行けるなら迷わず進む。行けなくてもゆっくり進む。バカ正直に交通規則なんか遵守《じゅんしゅ》していると、余計に危ない目に遭う。

メキシコの残忍な殺人ルーツ

メキシコでは、マフィアが引っ越してくると町の治安が悪化する。

メキシコの殺人件数の多さは麻薬カルテルの抗争によるものだ。タブロイド紙の一面は毎度遺体の写真だ。

殺し方のまあ残酷なこと。頭を切断して代わりに豚の頭を体に載せておいたり、橋から吊るしたりはまだ序の口。なぶり殺しの度合いも吐きそうなほどにひどい。一度に見つかる遺体の数も桁外れに多い。

現在のマフィアに匹敵する残忍さはアステカ時代にもあった。アステカはカニバリズムの習慣もあったのでマフィアを上回るかもしれない。太陽信仰だったアステカでは太陽が消滅しないように毎日3人ずつ生贄《いけにえ》を捧げていた。生贄は、生きたまま心臓をえぐり出され、生皮をはがれ、ピラミッドから転げ落とされた。心臓はチャックモールという神の石像に置かれ、遺体からはがれた皮は祭りの20日間、司祭が着て豊穣を祈った。

生贄が足りなくなると捕虜を求めて戦争をしかけた。生贄のために戦争をするなんてどこまでも狂っている！

人肉スープ？ ポソレ

アステカ人はやってきたスペイン人宣教師にスープをふるまう。宣教師がスープに入っているのは何の肉かと尋ねると、それは生贄となった人間の肉だった。

激怒したスペイン人は食人を禁じた。そのポソレというスープに今入っているのは豚肉なのだが、それは豚肉が人間の肉に一番近い味がするからなのだそうだ。

ポソレは白い大粒のとうもろこしが入った豚骨スープ。さらにお好みでレタス、ラディッシュ、アボカド、オレガノ、チチャロン（豚の皮を揚げたもの）、チレ（唐辛子）などを入れて、ライムをしぼっていただく。自分で唐辛子を入れないかぎりは辛くない。あっさりしていて日本人の口にも合う。2010年に食文化として無形文化遺産となったメキシコ料理に、人肉が入っていた時代があった。

ククルカンにお目にかかれるのは年2回のみ

２０１５年は「運び屋」の仕事が忙しかったので２０１６年は休みをもらい、オバマ大統領が訪問する前にキューバに行くことにした。

キューバに3週間滞在している間に、ローリング・ストーンズがハバナに来ることが決まり、滞在を延長してライブに行こうか、かなり迷ったのだが春分の日に間に合うようにメキシコ・カンクンに戻った。

春分の日にチチェン・イッツァ遺跡のククルカンの神殿が日没に照らされたとき、ククルカン（羽毛のあるヘビの姿をしたマヤの神）が姿を現す。ピラミッドの階段が西日に照らされて影ができ、ヘビが身をよじらせたように見えるのだ。

あいにく春分の日はどしゃ降りだった。一年に2回、春分の日と秋分の日にククルカンは降臨するのだが、その前日と翌日の3日ずつチャンスがある。

ほんの数分だけ降臨したククルカンを現地の新聞で見た。補正写真でさえもほんの申し訳程度の薄いククルカン。ストーンズをふいにして、キューバからこのために戻ってきたのにまったくついてない。ククルカンを見るには、その年の春分の日、秋分の日、その日の日没時間、日没時の天気などのチェックをおすすめする。

メキシコ食事情

２０１６年、16年ぶりにオアハカに行った。ベインテ・デ・ノビエンブレ市場には相変わらずチーズと干し肉とバッタが並んでいた。市場の近くにはチョコレート専門店もある。それら全部がオアハカの名物だ。気候に恵まれたオアハカはメキシコで一番の美食の町である。

メキシコは昆虫食が盛んな国だ。素揚げにしたバッタはメキシコ中で食べられている。オアハカには赤いバッタがいるのか、それとも食紅で着色しているのかと思ったら、バッタは加熱するとエビのように赤くなるそうだ。味もエビのようでおいしいらしいが、あいにく甲殻類アレルギーなのでエビやカニと同じく外骨格を持つ虫はアレルゲンになる可能性があるので食べられない。

バッタだけでなく、カメムシもハエの卵もアリの卵も食べる。特にエスカモーレ（ツヤハダアリの卵）は「メキシコのキャビア」と呼ばれている。カメムシは市場で見かけるが、ハエ、アリの卵はメキシコでも珍味だ。

もっとも一般的な食べる虫、オアハカ産のバッタはメキシコにとどまらず、アメリカのシアトル・マリナーズの本拠地セーフコ球場でも売られている。

ローマ法王も人間、ブチ切れることもある

サン・クリストバル・デ・ラス・カサスではローマ法王とバッティングしそうになり、あわててグアテマラへ逃げた。ローマ法王とのニアミスはこれで3度目。

パパ様（スペイン語でローマ法王は「パパ」なので勝手にそう呼んでいる）とかち合うと宿はないわ、バスは混むわ、値段は上がるわ、交通渋滞するわでろくなことがない。

メキシコを訪問するパパ様を一目見ようとメキシコにやってくるグアテマラ人に逆流してグアテマラに入国した。

これまでの歴代のパパ様もメキシコにやってきてはいるが、地方はせいぜい治安も交通の便もよい観光地グアナファトくらいしか訪ねていない。それが今度のパパ様はメキシコで一番貧しいチアパス州のサン・クリストバル・デ・ラス・カサスや治安が悪い国境の町シウダー・フアレスを訪ねるという。さすが南米アルゼンチン出身のパパ様だ。

連日テレビで生中継されていたメキシコ訪問をグアテマラで見ていたら、襟ぐりをつかんで離さない熱狂的な信者に対してブチ切れているパパ様が映った。なんとも人間らしい姿に思わず笑ってしまった。貧しいチアパス州はサパティスタ（先住民のゲリラ組織）の本拠地だ。それほど先住民率が高い。先住民に敬虔《けいけん》なカトリック信者が多いのは、パパ様

が言うとおり、貧しい者や不安な者にこそ神の救いが必要だからだろう。

地方のキリスト・イスラム信仰

サン・クリストバル・デ・ラス・カサスの近くにあるシナカンタンという先住民の村では教会に入るのに入場料を払った。先住民は写真を撮られるのを露骨に嫌がる。内部は撮影禁止で撮影しないように見張りがつく。どこの先住民の村でもそうだが、ここのカトリックもかなり変わっている。タイル張りの祭壇には民族衣装を着たキリスト像が、祭壇の前には張り子のいろいろな動物が置かれている。そして、卵と炭酸飲料が供えられていた。土着信仰が混ざっているのだろう。

シナカンタンの人々は花の模様が美しい民族衣装を着ている。そろって民族衣装を着て観光客を待っている家族にお金を払って写真撮影をした。ポーズをとるでもなく、座ったままでおしゃべりを続けている。全員がカメラを見ようとしない。それどころか、年長の女の子はずっと目をつぶっていた。カメラと目が合うとなにかまずいのだろう。

一方、サン・クリストバル・デ・ラス・カサスのはずれにあるオホ・デ・アグアという地区にはムスリムのコミュニティがあった。着いてすぐに頭にスカーフを巻いた女性が2人、車を降りてくるのが見えた。ラテンアメリカにはレバノン人が多く住んでいる。世界長者番付1位になったこともある実業家カルロス・スリム・エルーもレバノン系メキシコ人だ。そんなイスラム教国からの移住者のコミュニティではなく、イスラム教に改宗した先住民が住んでいるそうだ。幹線道路沿いには大きなモスクが建設中だった。

ラテンアメリカにはアーミッシュのコミュニティがところどころにあるのだが、カンペチェでもアーミッシュの姿を見かけた。観光案内所によると彼らはオペルチェンというところに住んでいるらしい。アーミッシュとは自給自足生活をするキリスト教の一派だ。

スペイン人がやってきてカトリックに改宗したマヤの人々。土着信仰と習合したカトリックを信じ続ける人もいれば、さらにイスラム教に改宗する人もいる。そこに新天地を求めて移住してくるアーミッシュの人々。深い森や孤島に暮らす未接触民族でもないかぎり、外からやってくるものによって変化することが求められるときが必ず来る。

交通事故での危機一髪とモクステマの復讐《ふくしゅう》

2016年のメキシコの旅では交通事故に遭った。メキシコシティから2時間ほどのピエドラ・エラーダでモナルカ蝶の越冬を見た帰りのことだった。

モナルカ蝶は、毎年11月末から3月半ばにかけてメキシコに越冬のためにやってくる。ロッキー山脈から3500キロを3世代かけて南下し、春になるとまた北上していく。蝶の越冬地はミチョアカン州アンガンゲオが有名だが、メキシコ州ピエドラ・エラーダがメキシコシティの最寄りである。蝶の大群は圧巻だ。オレンジ色の木かと思って近づいてみたら、1本の木に蝶がびっしり止まっていた。

蝶の大群に出会えて大満足のその帰り道、前方のT字路で、無理やり右折しようとしたトラックに、乗っていたバスが直進でつっこんだ。ブレーキが間に合わず、吸いこまれるようにトラックと衝突した。

幸いに通路側に座っていたので、衝突前に気づいて一瞬早く腕で防御した。他の乗客はみなつんのめって前の座席で顔を強打していた。

バスの運転席にはトラックがめりこみ、フロントガラスは白くひび割れていた。メキシコは運転免許証がスーパーで50米ドルで買える国だ。

20年通ったメキシコではこの交通事故以外は、さして危ない日に遭ったことがないが、いまだにモクテスマに復讐される。メキシコでは下痢のことを、スペインに征服されたアステカ皇帝にちなんで、「モクテスマの復讐」という。私に耐性ができたのか、メキシコが衛生的になったのか、さすがに復讐される頻度は減った。ついでに苦手だった辛いものも平気で食べられるようになった。最新のモクテスマの復讐はメキシコ全土にあるアイスクリーム店ラ・ミチョアカーナで食べた、生の果物がごろごろ入った棒アイスだった。

第3章

東南アジア

エリア

フィリピン

フィリピン発祥のファストフード
ジョリビー
甘いソースのパスタ
ライス
ビーフパテ
チキン
フィリピンはおやつがうまい!!
さつまいも
カモテキュー
バナナ
バナナキュー
カモテキューやバナナキューもおいしいが…
一番好きなのはキャッサバケーキ♡
ココナッツの果肉たっぷりブコパイ
タホ
温かい豆腐＋黒蜜＋タピオカンまい！
米粉のパンプト
トッケイヤモリ
『トッケイ』と鳴く
30cm
イフガオ
民族の棚田
世界遺産
オロンガポ
アンヘレス
スービック
ここではサバイバル・トレーニング（JEST）キャンプが楽しめる!!
マニラ
ルバング島
小野田さん30年潜伏
マヨン火山
レガスピ
カラミアン諸島
日本軍の沈没船が多い
ドンソル
ジンベイザメ出没！
バタック村
ポロシャツ
ふんどし
バタック村最後のふんどしじいさん
パラワン島
『世界最高の島』と評されたこともある
セブ島
チョコレートヒルズ
プエルトプリンセサ
地下河川国立公園
プエルトプリンセサ
オスロブ
ジンベイザメ出没！
ベトナム移住者が多いのでフォーがおいしい
バロット
孵化直前のアヒルの卵をゆでたもの
サンボアンガ
チャバカノ語
（現地語とスペイン語のクレオール言語）
ダバオ
フルーツがおいしい
スールー海
海賊出没！
シタンカイ海上集落
ドリアン
マラン
マンゴスチン

2004年3月初めに2年4ヵ月ぶりに南米から帰国して、すぐにフィリピン行きの話が舞いこんだ。

ルソン島オロンガポで3ヵ月間、日本語講師アシスタントとして介護士養成学校に赴任しないか、という話だ。往復渡航費と滞在費はクライアント持ちだがギャラは出ない。とはいえ、日本語の授業は金曜と土曜の週2コマ、合計3時間しかない。さして深く考えることなく、二つ返事で引き受けた。日本に戻って3ヵ月足らずで予想外の東南アジアに行くことになった。

オロンガポ市内の学校へは経済特別区（外貨獲得のための優遇措置制度が敷かれているエリア）スービックから通っていた。スービックにはかつてアジア最大のアメリカ海軍基地があった。住居は米軍将校が住んでいた家をリフォームした平屋の一戸建てでメイドと運転手つき月16万円なり。NHKもケーブルテレビも映る。この居住区には許可のない者は立ち入れない。どんな国にもこんな別世界が必ずある。

スービックの家は裏がすぐにジャングルで、猿が入ってこないようにいつも網戸を閉めていた。雨が降るとテニスボール大のカタツムリが一斉にはい出す。夜はトッケイヤモリが大声で鳴く。「トッケイ、トッケイ」と声はすれども姿は見えない。一度だけ見たが優に30センチはあって驚いた。マニラで電車に乗っているといきなりトッケイが鳴き出すのは実は携帯の着信音だ。トッケイの鳴き声はのどかでなごむ。

日本未上陸ジョリビー

フィリピン全国津々浦々にあるジョリビーというファストフード店がオロンガポにもある。ジョリビーのマスコットキャラクターの赤いみつばちは子供たちに大人気だ。

フィリピンでシェアナンバーワンのファストフードは、サブウェイでもマクドナルドでもなく、このフィリピン国産のジョリビーである。ハンバーガーもホットドッグもフライドチキンもスパゲティもハンバーグもある。しかも、フライドチキンやハンバーグはライスとセットが定番だ。

ジョリースパゲティは給食のソフト麺みたいなものに甘いバナナケチャップのミートソースがかかっている。ジョリビーを追いかける二番手のマクドナルドもこの甘いスパゲティやフライドチキンとライスのセットを出している。

フィリピンのサルシという炭酸飲料は肩こりの塗り薬みたいな独特な味がする。甘いスパゲティといい、サルシといい、フィリピン人の味覚に合わせたファストフードを成功させたのは華僑である。フィリピン人がいる国には必ずジョリビーあり。日本にも上陸するという話は絶えずあるがなかなかやってこない。

お試しあれ！　フィリピンスイーツ

フィリピンはとにかくお菓子がおいしい。さすがに経済特区に売り子が来ることはなかったが、町中では朝早くに天秤棒《てんびん》で豆腐を売りに来る。できたての温かい豆腐に黒蜜とタピオカをかけたものを太めのストローで吸って食べる。これは中国の豆腐花《トウルーファ》がフィリピンに伝わったものだろう。フィリピンではタホという。

「ターホー」と売り子の声が聞こえたら財布を持ってすぐに外に飛び出すのだが、これがなかなかつかまらない。食べられたらラッキーだ。常温で豆腐を売っているため足が早く、午前限定の食べ物だからだ。

タホが朝の食べ物ならば、スイーツではないがバロットは夜の食べ物とされている。バロットとは孵化しかけのアヒルのゆで卵。夕方から屋台で売られるのはバロットが精力剤と考えられているからだ。

通は孵化寸前を好むようだが、それはもうほぼ雛《ひな》なのでほどほどに卵の状態のものを食べた。それでもできかけのくちばしのような軟骨と羽のような筋が口の中に残った。

中身をこぼさないよう加減して割り、まずは汁をすする。孵化しかけの雛は鶏肉のような卵の黄身のような味がする。グロいので見ないようにして食べたが味はなかなかイケる。

屋台でよく売っているカモテキューは、さつまいもでつくられていて日本の大学芋っぽい。さつまいもをバナナにかえるとバナナキューだ。中・長距離バスに乗っているとバスが止まるたびに自家製のお菓子を手に売り子が一斉にやってくる。乗客はバスに乗ったまま窓から買う。バナナの葉のカップに入ったプトというほんのり甘い米粉のパンやブコパイというココナッツの果肉たっぷりのパイをよく買い食いした。

一番好きなのはキャッサバケーキ。キャッサバはタピオカの原料の芋だ。ケーキというよりも芋羊羹《ようかん》に近い。ラテンアメリカではユカ、マンジョウカと呼ばれ、現地でよく食べていた。この芋は青酸を含んでいるので調理する前によく流水にさらさないといけないのだが、それが不十分だと食べて命を落とすことがある。フィリピンでは学校の下校時間を狙って校門近くでお菓子を売るものだから、どこかの離島でキャッサバの毒にあたった小学生が何人も死んだというニュースを聞いた。

フィリピンの光と影

日本語講師アシスタントの合間に各地を旅した経験が買われて、『地球の歩き方』の取材のために、さらに「運び屋」として、その後何度もフィリピンに足を運ぶこととなる。

オロンガポにかつてあったスービック海軍基地は、アンヘレスにあったクラーク空軍基地とともにフィリピンに返還され、１９９1年にそれぞれ経済特別区となった。オロンガポもアンヘレスも米兵相手の花街であった。返還直後、オロンガポでは1万人以上の失業者が出たという。

米兵がいなくなったオロンガポは花街ではなくなったが、アメリカ人以外のお客も取るようになったアンヘレスは花街のままである。スービックにもクラークにも空港があるのだが、滑走路が短くて使い勝手が悪いスービック・ベイ国際空港は事実上の開店休業状態、一方、クラーク国際空港は日本、韓国、中国本土、香港、シンガポール、ドバイ、カタールからの便が発着している。つまり、少なくともこれらの国の男がアンヘレスに女を買いに来ているということだ。

日本人離れしたグラマラスな友人がＬＣＣ（格安航空会社）のジェットスターで安くフィリピンを旅しようとしてクラーク空港に降り立った。アンヘレスの町を歩いていると白人の男にいきなり腕をつかまれ、「ハウ　マッチ？」と聞かれたと憤慨していた。ガイドブックの取材がなければ、そんなアンヘレスに泊まることは絶対になかった。

世界中どこでもそうなのだろうが、花街は昼は人影が少なく、夜は息を吹き返したかのように活気づく。道路沿いの交通整理のお巡りさんが日差しを避けて休めるようにつくられた電話ボックスのような建物には、いつも2、３人のストリートチルドレンが折り重なるようにして眠っていた。

買い物中にパン屋さんの軒先で誰かが腕に触れた。振り返ると10歳くらいの男の子が立っていた。

「プリーズ」と消え入るようなか細い声で言う彼の顔を見て思わず固まってしまった。

その子は口唇口蓋裂《こうしんこうがいれつ》だった。学習することで差別や偏見は持たなくなるだろうが、今までに見たことのないものがいきなり目に飛びこんできたら誰でも驚くだろう。

口唇口蓋裂の子供は治療をしなければミルクがうまく飲めないので育たないと聞いたことがある。日本では幼児のうちに手術を受けさせるので、大人の歯が生えた口唇口蓋裂の子どもを見たことがなかった。

おそらく彼はストリートチルドレンでお金や食べ物を乞うているだけなのだが、とっさのことで頭が回らず、驚きで目を見開いたまま、彼の顔を凝視してしまった。

おびえたようなひときわ悲しい目で一瞬見つめ返すと、その子は逃げるように去っていった。栄養失調のせいか髪の色は薄く、薄汚れてはいたが、口唇口蓋裂以外はきれいな顔をしていた。

今でも死を悟った小動物のような彼の目をふと思い出すことがある。あんな悲しそうな目をさせてしまってごめんなさい、とあの子に謝りたい。

バタック民族最後のふんどしじいさん

スービックのジャングルには先住民アイタ民族が住んでいる。かつてアイタ民族は米軍の特殊部隊にサバイバル術を教えていた。

今もジャングル環境サバイバル・トレーニング（ＪＥＳＴ）キャンプで竹の飯盒でごはんを炊いたり、石けんのように泡立つ樹液で手を洗ったりする野営生活を体験できる。

このアイタ民族のＪＥＳＴがおもしろすぎて先住民文化にがぜん興味が湧き、ルソン島北部のイフガオ民族の刺青《いれずみ》ばあさんやパラワン島バタック民族のふんどしじいさんを訪ね歩いた。

バタック民族の村に行くには道もわからないし、言葉もわからないのでガイドを雇った。ガイドはバタック村周辺のジャングルで樹液を集める仕事をしていたことがあり、村人と仲良くなったのだそうだ。村に出発する前にジャングルの中のニッパヤシで葺《ふ》いた高床式の家に寄った。それがガイドの家だった。もうその家からしてすでに珍しかった。山道を3時間歩いてバタック村に着いた。

バタック民族の女性は上半身裸だ。何人も子供を連れたお母さんは堂々としたもんだが、未婚の少女は突如現れた侵入者に恥ずかしそうに胸を隠している。外で農作業をしている家族はちくちくするのを避けるため、服を着ていた。

臼《うす》と杵《きね》で米をつくのは女性の仕事と決まっているが、その他は特に決まりはないらしい。ある家庭では男性が子供をおぶって料理をし、女性が家の中でバナナの木の幹をごりごり削り、コプラのしぼりかすと混ぜて豚の餌をつくっていた。

すのこのように隙間が開いた床から料理のときに出る野菜くずを落とすと床下で豚が食べる。風通しもよく合理的にできている。

村には電気もガスも水道もない。空き家を貸してもらった。

ガイドがジャングルに自生しているつる草と、持ってきたツナ缶とを交換してきた。ココナッツミルクにツナと葉っぱを入れて炊く。癖がなくておいしかった。

さすがに夜は冷えるので服を着る人もいる。日が暮れたらすぐに寝てしまうのかと思ったら、乾電池式のラジオを聞いたり、話をしたりとみんなけっこう遅くまで起きていた。話し声や笑い声を聞いているうちにいつのまにか眠ってしまった。

翌日、下山の途中で最長老のおじいさんに会った。

その日は政府の役人が視察に来るそうで村人は全員服を着ていた。60歳の彼もポロシャツにふんどし姿。この村ではもう彼以外にふんどしを着けている人はいない。バタック村で最後のふんどしじいさんだった。

フィリピンから謎の病原菌とともに帰国

実はバタック民族の村に行く2日前、同じパラワン島の世界遺産プエルトプリンセサ地下河川国立公園から帰る途中、海岸でウミヘビに驚いて岩場で足の指を切っていた。しかも浅い川を何度も渡渉したので靴をビーチサンダルにはきかえてしまった。これが後々とんでもないみやげになるとはまだ思いもしなかった。

バタック村のふもとのコテージに戻ると、足の切り傷が脈打つたびにズキズキした。どうも熱っぽい。水道の流水でよく傷口を洗い、ホテルのスタッフにもらった絆創膏《ばんそうこう》でふさいだ。一晩寝て起きると痛みも熱も引いたのでもう大丈夫と油断していた。しかし、それでは終わらなかったのである。パラワン島から日本に帰国後、なかなか傷口がふさがらない。それどころか化膿《かのう》している。さらに、手足の虫刺されやひっかいた背中の吹き出物までが膿《う》み始めた。それでもそのうち治るかと放っておいたら、とうとう足のつけ根のリンパ腺まで痛み出し、40度近い高熱が出てしまった。

これはどうもおかしいと病院に駆けこんだが、医師は首をひねるばかり。「熱帯にはまだ知られていない病原体もいっぱいあるでしょうし」と頼りないことを言う。得体の知れない病原体には対症療法しかなく、抗生物質を飲んでひたすら安静にしていた。熱は早く引いたが傷は治るまでに2ヵ月かかった。なんともありがた迷惑なパラワンみやげよ。

それから2年後、中米グアテマラのパナハッチェルという町にいた。日本人経営の宿の中庭で、他の日本人バックパッカーと話をしていた。なんとはなしにパラワン島でかかった奇妙な症状について話をしてみた。

「熱が出て傷がずっと治らないんでしょ？　それ、僕もなりましたよ」

世界一周中の屈強なアスリートから意外なこたえが返ってきて驚いた。後に少数民族マニアとしてテレビ番組『クレイジージャーニー』に出演することになる彼がまだ旅慣れていない頃の話だ。リゾートのセブ帰りで同じ症状になったらしい。普通にマクタン島のいいホテルに泊まって、いいものを食べて、ダイビングをしただけなのに、やはり蚊に刺されたところが化膿したそうだ。

彼もやはり浜辺でどこかに小さなけがをしたのではないか。だとすれば、共通点が生まれる。島は違えど、これはフィリピンの風土病なのだろうか。それにしても、奇病にかかってもまだ旅を続けている自分に（彼にも！）我ながらあきれてしまう。

のんびり系フィリピンの強盗たち

マニラでフィリピン人に声をかけられたら、まず睡眠薬強盗か賭博詐欺を疑うべきだ。

スマホがなかった一昔前は『地球の歩き方』が日本人の目印だった。エルミタ・マラテ地区で3回声をかけられたことがあるが、うち2回は『歩き方』を広げているときだった。普段は中国系フィリピン人に見えるらしく、まったく悪意のない人からはタガログ語でガンガン話しかけられるのに、ひっかけようとしている人からは英語で話しかけられるので、もうそれだけで勘づいてしまう。

ある日、キリノ駅前のマクドナルドで隣のテーブルにいた50代と40代の姉妹とおぼしき二人組に英語で声をかけられた。

「あなたは日本人ですか？　私は以前、ダバオの日本人会館で働いていました」と妹。レガスピに住んでいる姉がマニラに来たので、親戚と待ち合わせているのだという。

日本の話題で声をかけるのは常套《じょうとう》手段だが、わざとらしさはあまり感じなかった。ただのフレンドリーなフィリピン人なのか、強盗団なのかはわからなかったが、疑わしきは相手にしないに限る。

さらに甥《おい》だの姪《めい》だのが加わり、先ほどは女性2人だったのが、女性3人と男性1人に増えた。これは各自でカモを探し、誰かが見つけたら全員を呼び寄せる決まりなのだろう。一家は「今日はこれからどうするのか」と聞いてきた。もし、この人たちがただ人懐っこいだけで親切な人たちだとしても、ついてこられるのは困る。

「髪を切りに美容院に行く」と本当に行く予定だったので言ってみた。さすがにこれであきらめるだろうと思ったが、案内してくれるとのこと。心底ありがた迷惑なのだが、うまく断れない。ジプニー（乗り合いの改造ジープ）に乗せられ、料金まで払ってくれた。

レガスピから来たおばさんは、向こうで仕入れてきたものをマニラで売っているという。レガスピに来ることがあればぜひ寄るようにと住所をくれたが、通りの名前だけで番地がない。バンコクに行ったことがあるとも言っていたが、その割には歯は抜けているし、メガネのつるが壊れているのをガムみたいなものでとめている。案内された美容院も私が行こうとしていた店よりも断然安っぽい。羽振りがいいわけがなく、ますます怪しい。

美容院で私を待つ間、おばさんは携帯メールで何度かやりとりをしていた。家族の誰かが入れ代わり立ち代わりやってきて、他の人は店の外で立ち話をしている。

これは見張られている。ひっきりなしに話しかけてきて、こちらを観察している。

しかも、目を合わせようとしない。一度だけ妹と目が合った。彼女は憐れむような目で私を後ろから見ていた。振り返るとすぐに目をそらしたが、彼女のその目でクロだと確信した。

もうここまで来たら、彼らが親切な姿勢を最後まで崩すことはないだろう。このときは商売人の知人に頼まれた買いつけでマニラに来ていた。

ある商材を安く買えるところを試しに尋ねてみると、彼らはあっさりそこへ連れていってくれた。これは大助かり。おかげで仕事があっという間に片づいた。しかし、このまま最後までだまされるわけにはいかない。どうやって終わらせようかとずっと考えつつも、彼らがどんなオチをつけるのかにも興味があった。

まだ案内したいところがあると、ジプニーを3回乗り換える。もうそこがどこかはわからなかった。最後にトライシクル（バイクに片輪のサイドカーがついた乗り物）に乗せられ、住宅街の細い路地に入る。これはやばいのだが、出会ってからここまで4時間かかっていることを考えると、この先いきなり撃たれたり刺されたりすることはなさそうだ。買いつけで来ているため、腹には100万円の現金を巻いていた。とにかくいかなるときも冷静でさえいればなんとかなる。

一軒の民家に通された。ドライマンゴーを安く売っているのだという。下手なオチだ。ドライマンゴーはセブあたりでつくっているし、この家のどこにも見当たらない。

冷えたビールとオレンジジュースが出てきた。典型的な睡眠薬強盗の常套手段だ。これを飲んだら意識がなくなって、身ぐるみはがれてどこかの道端で目覚めるはめになる。遠慮しているふりをして手をつけず、持参のミネラルウォーターを飲んだ。

「ところで、今、何時？」14時にグリーンヒルズで待ち合わせがあると出てきた。家を出たところでタイミングよく来たトライシクルに乗りこむ私を家族が総出で見送る。

睡眠薬入りの飲み物に一口でも口をつければ成功したのにと内心では悔しがっているに違いない。彼らに連れ回されて自分の現在地がわからないので、トライシクルには最寄り駅まで連れていってくれるように頼んだ。やっと解放されてほっとした。

この数年後、今度はベトナムのホーチミンで中年夫婦から声をかけられた。

「今度、娘が日本に留学するのに書類が届いたんだけど、日本語で書かれていて読めないから家に来て読んでくれないか？」という彼らの英語のなまりには聞き覚えがあった。

間違いなく彼らはフィリピン人だった。何度も家に来いと丁寧にしつこく言われたがにこやかに断った。ついて行ったらまた睡眠薬強盗だったのだろうか。それとも賭博詐欺だったのだろうか。

それにしても、なんてまどろっこしい手口なんだろう。フィリピンの前にいたラテンアメリカなら出合い頭に銃かナイフを突きつけられて、下手すれば殺されるかもしれないというのに。同じ旧スペイン植民地でこの違いはいったいどこから来るのだろう。東南アジアでぶっちぎりで治安が悪いといわれているマニラの強盗はとても気長だった。

第4章

南アジア

エリア

インド

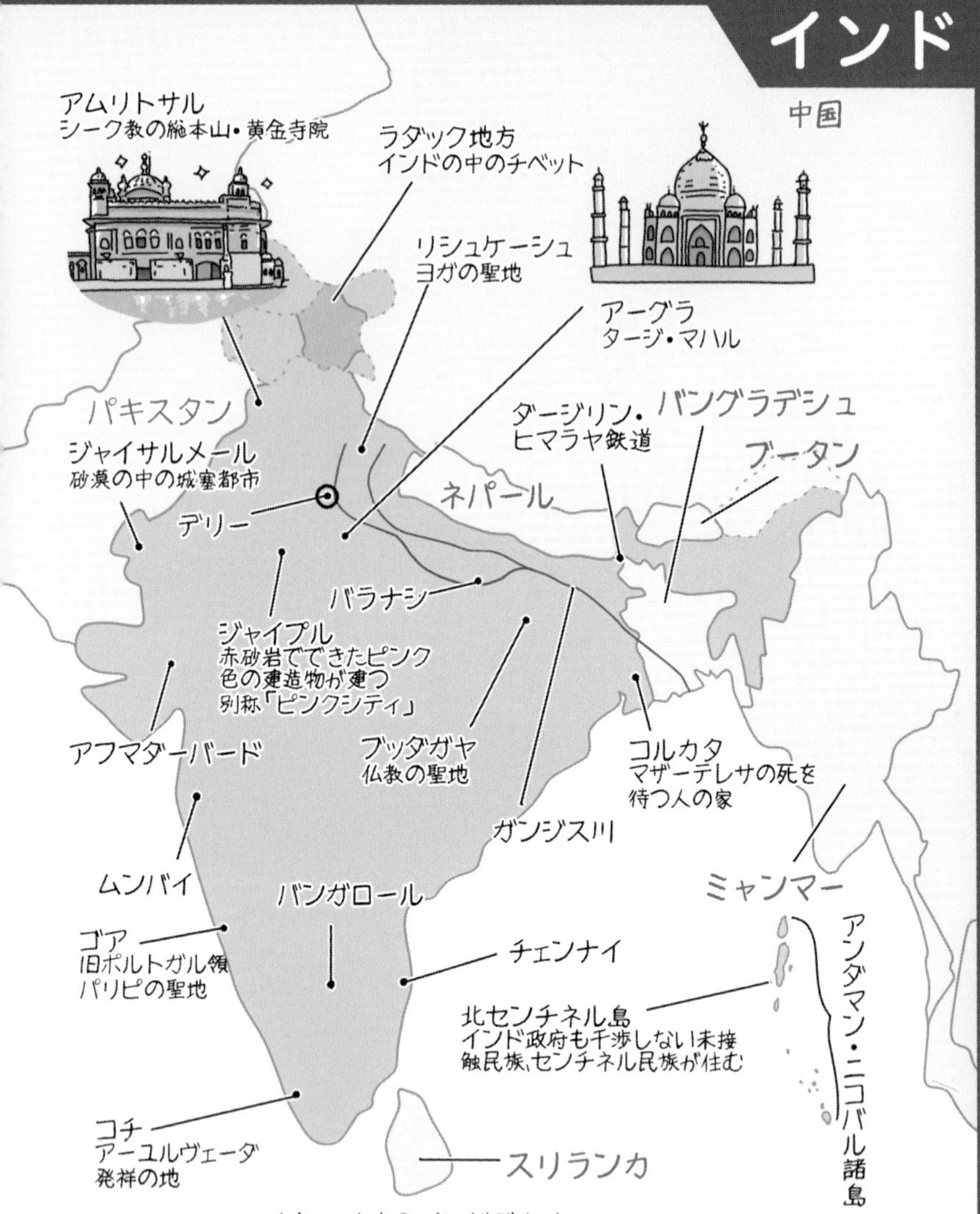

カレー以外のインドグルメ

ビリヤニ
スパイスと肉の炊き込みごはん

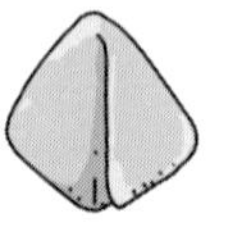

サモサ
スパイスで味付けされた
具を皮に包んで揚げたもの
揚げぎょうざっぽい

ドーサ
南インドのクレープのような料理

インドはバックパッカーの聖地のように言われるが、インドには「運び屋」の仕事でビジネスビザでしか行ったことがない。3年で世界一周するバックパッカーを尻目に3年かけてもラテンアメリカすら一周できなかった。そんな自分がたかがインド一周に10年かかって残りの人生をふいにしてしまう自覚が十分にあるので、インドにはプライベートでは立ち入らないことにしている。

インドは好き嫌いがはっきり分かれるといわれている。野良牛、野良犬、野良猫、野良人が路上にいる。牛も犬も猫も実に穏やかで逃げも隠れもしない。野良人も煮炊きをしたり赤ん坊をあやしたりと、ごく普通に路上で日常生活を営んでいる。これを不潔であるとか、カオスであるとしか捉えられない人はまずインドが無理だろう。

交通量の多い街中に柵に囲われた大木があった。日本なら歩道や車道に張り出した邪魔な枝は伐採するのが普通だろう。ところが、インドでは枝を切るどころか、伸びやすいように柵にわざわざ穴が開けられていた。その穴に気づいたとき、インドの寛容さにやられた。こんなふうに目からうろこが何枚も落ちる国が私にとってはおもしろい。

インドで知る。人間の遺体は甘い

ラテンアメリカ放浪中に知り合ったバックパッカーの友人が多い。彼らの旅話で「参りました！」と思ったのは、乗っていた飛行機が墜落した話と、野グソ中にすぐ目の前を雪崩が流れていった話と、ガンジス川の水の味でそばを流れている遺体が人か牛かわかるようになったという話だけだ。

「今、隣のビルが爆撃されています」と戦下のイラクからメールが届いたのも、アフガニスタンでタリバンに拘束されたのもなかなかインパクトがあったが、それは自ら危険地帯に足を踏み入れているので選外だ。

彼らのような旅慣れた人にインドが嫌いな人はまずいない。「呼ばれて行く国インド」とはよく言ったもので、私には「インドの師匠」と呼ぶ人がいるのだが、彼は呼ばれたとしか思えない。師匠は高校の卒業旅行で行ったインドでさんざんな目に遭い、それからかの地にどっぷりはまった。前述した私を参らせた旅話のガンジス川の水の味の違いがわかる男が師匠だ。

バラナシに住んでいた頃、彼はガンジス川でひと泳ぎするのを日課にしていた。カースト外の人々が住む対岸まで泳ぎ、被差別民の彼らとしばし語らい、もらったきゅうりをかじってからまた泳いで戻ってくる。

遺体やらゴミやら糞尿やらが流れる聖なるガンジス川でクロールの息継ぎをするとどうしても口に水が入ってくる。師匠によると「人間の遺体はなんか甘いんだよねー」。

　ガンジス川で泳いでも彼が病気にならないのは、すでにインドでありとあらゆる病気にかかりまくって耐性ができあがっているからだ。

　インドのカースト制では外国人はカースト外。師匠の妻はインド人だ。しかも高いカーストの出身なのでカースト外の日本人との結婚は普通ならありえない。なぜなら、結婚すると妻のカーストは夫と同じになるからだ。

　インドでは降下を伴うカースト違いの結婚は命がけ。紆余《うよ》曲折あって二人の結婚式はカラーで新聞のトップを飾るほどのできごとだった。これ以上ドラマチックな大恋愛の話は聞いたことがない。彼のようにひとたびインドに呼ばれてしまったら、一生をインドに捧げる覚悟がいる。

インドで食べた70円カレーと1000円カレー

　インド出張は毎度インドのナショナルフラッグ、エア・インディアで行く。機内食はチキンかフィッシュのどちらかだが、どちらを選んでもカレーである。「他にはないの？」と尋ねると「ベジ」と言うので、サラダかと思って頼んだら野菜カレーだった。日本路線なのだから日本食が出てくるのが他会社では普通だが、エア・インディアは頑としてカレーだ。正確にはカレー以外にサモサなども出てくるが、これもカレー味だ。

「在インド日本大使館で300種類の料理がつくれるコックを雇ったが、コックのレパートリーは300種類のカレーだった」というのがインドではまったく笑い話ではない。

デリーへの「運び屋」仕事が続いていたときのこと。そのたびにタイミングよくデリーに出張で来ていた師匠と一緒にごはんを食べた。デリー駅前のちょっとこみ入ったところにある師匠行きつけのカレー店は70円くらいでお代わり自由。混ざらないように仕切りがついたステンレスの皿に、ごはんとカレーとサブジ（野菜の炒め煮）とヨーグルトをよそって、豆せんべいのパパドをのっけてくれる。

カレーは3種類。ヨーグルトはデザートではなく、辛いカレーに混ぜて味を調節するためのものなのだが、カレーはどれもそんなに辛くない。さすが師匠の行きつけだけあって、ここのカレーがインドのおふくろの味のカレーに一番近くておいしかった。

店の入り口には洗面所があり、お客は手をきれいに洗ってから着席する。素手でカレーを食べるのが苦手なのでスプーンをお願いしたが、そんな人はまず来ないのでティースプーンしかない。カレーを右手だけで食べる師匠の所作が美しくてまるで茶道のようだった。

デリー老舗の高級カレー店に行ったときの話。この店のカレーには1000円以上払ったと思う。日本のカレーほどではないがインドの庶民的な店よりも濃厚なカレーが出てきた。庶民的な店のカレーが「野菜の味噌汁」のようなのに対し、高級店のごちそうカレーはマトンの煮こみのようだった。

そんなにたくさん食べたわけでもないのに翌日胸焼けがした。毎日食べられるのは70円のカレーのほうだ。ただし、消化がよすぎてすぐにおなかがすくのだが。

暑いインドにベジタリアンが多いのは理にかなっている。摂取カロリーを抑えて体温を下げたほうが涼しくすごせるからだ。

汁気が多いカレーには粘り気が少ない長粒種が合うのはわかるが、インドでは新米よりも粘り気が少ない古米のほうが値段が高いのだそうだ。インド人には餅なんてありえない食べ物だろう。

インド・マクドナルド事情

各国独自のメニューを食べてみたくて、どこの国でも必ずマクドナルドに行くのだが、インド人にとって、もっともありえない食べ物、それは牛肉。

ヒンドゥー教徒にとって神様のお使いである牛を食べるなんてとんでもない。そういうわけで、インドのマクドナルドには牛肉を使ったメニューがない。またイスラム教徒が食べられない豚肉メニューもない。ビックマックにあたるのが鶏のパティをはさんだチキンマハラジャバーガー。そして、ハンバーガーにあたるのがカレーコロッケをはさんだマックベジ。これはコロッケパンそのものだ。

インド人の平均寿命

カースト最高位のバラモンやジャイナ教徒の中には、根菜やはちみつを食べない人もいる。収穫や採蜜のときに土中の虫やみつばちを殺す可能性がある、というのがその理由だ。もうここまで来ると「さすが司祭階級だけあってバラモンは霞《かすみ》食って生きてんのかい！」とつっこみたくもなる。

インド人が禁忌とするのは不浄と殺生である。搾乳は牛を傷つけることがないため、大多数のインド人が乳製品を食べる。

魚がよければ貝もよさそうなものだが、インド人のご不浄である浜辺に生息している貝は不浄と見なされ、一部の下層階級と師匠とそのインド人子分以外は誰も食べない。師匠によるとガンジス川ほとりの貝はぷりっぷりでボンゴレにすると最高！ とのことである。

インド人の平均寿命が２０１６年の調べで68・56歳と短命なのは動物性たんぱく質が足りていないからだと思っている。乳製品と豆だけの限界が68・56歳なのだ。ベジタリアンのインド人は殺生してまで長生きしたくないかもしれないが。

インドの真のエンターテインメントは「人」

仕事なのでインドには3都市くらいしか行ったことがないのだが、それでも他の国ではまず見ることのない、いろいろなものを見たように思う。

結論から言えば、インド最大の見どころはインド人である。だから、アメリカでもカナダでもイギリスでもシンガポールでも香港でもインド人のいるところは小インドだと思っている。

成田発ロサンゼルス行きのシンガポール航空12便によく乗るのだが、この便は空飛ぶ小インドである。

シンガポール航空のハブ空港はチャンギ国際空港なので、SQ12便はシンガポール発、成田経由ロサンゼルス行きである。シンガポールの人口に占めるインド系の割合は9パーセント。その割にSQ12便にインド人が多いのは、シンガポール航空がインド各地とシンガポール間をつないでいるからだ。

ニューデリー、アフマダーバード、バンガロール、コルカタ、チェンナイ、ムンバイからインド人をかき集めてアメリカへと毎日運んでいるのがSQ12便なのだ。

SQ12便の機内でひどく泣いているのはまずインド人の子供だと思ってよい。そして、悪酔いして盛大に吐いているのはインド人の大人である。もしかしたらインド人ではないかもしれないが、インドとその周辺国のカレー圏の人であるのは間違いない。

アメリカに行くほどなのだから、乗客は洗練された上流階級のインド人か、インド系シンガポール人なのだろうが、アメリカナイズされたインド人はよけいにやっかいだ。

シンガポール航空がエコノミークラスでもアルコール無料なのをいいことに、ハイソなインド人男性はここぞとばかりにガンガン飲むのである。

飲酒は罪悪という意識が根強いインドを出た解放感もあるのか、すでにアイデンティティがアメリカ人なのか、インド人男どもは気圧の関係で地上の3倍酔いやすいことなどまったくおかまいなしに飲むのである。

「おまえは他人に迷惑をかけて生きているのだから、他人のことも許してあげなさい」とインド人は我が子に教える。

確かにそのとおりだ。子供は泣くのが仕事だし、気分が悪い人を誰も責められない。

シンガポール航空のキャビンアテンダントは実に慣れたもので、インド人による阿鼻叫《あびきょう》喚《かん》が始まるや否や、耳栓を配り出す。

このSQ12便は折り返しSQ11便としてロサンゼルスから成田経由でシンガポールに戻るのだが、これがエア・インディアとのコードシェア便なのだ。よってSQ11便もたいそうな阿鼻叫喚である。

あるとき、ＳＱ11便で隣の席がインド人だった。

あらかじめ特別機内食をリクエストしておかなかった彼は、カップヌードルを食べていた。メニューは洋食が牛、和食が魚だったが、ヒンドゥー教徒なので牛が食べられず、魚は食べられるが日本食を食べたことがないという理由でパスしたのだ。

食に保守的なインド人は外国料理にはまず手を出さない。つまり、カレー以外のものは食べないのが普通だ。

キャビンアテンダントがわざわざトングで配っているおしぼりを、隣のインド人はむんずと素手でつかんで、にこりともせずに私にくれた。

もちろん親切心からである。さすがに不浄の左手ではなく、聖なる右手で渡してくれたのだが。無神経なのか、繊細なのか、インド人はやっぱりよくわからない。

現在インドの人口は13億３９００万人を超え、中国に次ぐ世界第2位である。このままいくと２０２６年にはインドが中国を逆転し、世界一になるそうだ。

つまり、ＳＱ12便および11便でのフライトは、世界がインド人だらけになるちょっと先の未来の予行演習なのだ。

インド・タクシー事情

ありがたいことに、今となってはインディラ・ガンディー国際空港からニューデリー駅まで地下鉄が通っている。しかし、２０１１年に空港エクスプレス線が開通するまでは、デリー空港への到着とともにタクシー運転手との闘いのゴングが鳴ったものだ。

世界中どこでも空港からの交通手段がタクシーしかない国では、タクシー運転手との攻防戦が第一関門である。

よく耳にするのだが、世界三大うざい国はインド、エジプト、モロッコだそうだ。

私にしたら、インド人と比べれば、エジプト人もモロッコ人もかわいいものだ。

三大うざい国でボラれることはあっても命までとられることはまずない。タクシーは動く密室である。

タクシー運転手が強盗と化すフィリピン、メキシコ、ペルーなどを先にすませてからインドに来ているので、ボラれるくらいですむなら、むしろありがたい。

初インドは首都デリーに夜中に着いた。さっそくホテルからの迎えが来ていないのがインドならではで、完全に想定の範囲内だった。

ああ、やっぱりー。夜中なのに人だらけだわ、暗くてよく見えないわだが、ここで人選を誤るわけにはいかない。インド人の本場に来たのは初めてだったが、これまですでに旧イギリス領でインド人とは何度も出くわしていた。

暗がりで背の高い男がてきぱきとタクシー運転手に指示を出している。彼は典型的な賢いインド人の顔をしていた。

賢いインド人の顔とはマハトマ・ガンディーのような、すべてを悟ったかのような穏やかな顔である。

「この人だったら絶対に大丈夫」という確信を持って彼にタクシーをお願いすると、これまた絶対に大丈夫な顔をした初老の運転手の車に乗せてくれた。料金は15米ドルくらい払ったような気がする。それでも通常の倍はとられているとは感じていた。

しかし、この時間は安全第一である。予約も入れていないホテルやバカ高いツアーを組ませる悪徳旅行代理店に連れていかれさえしなければそれでいいのだ。

無事になにごともなくホテルに着いた。

安心したらおなかがすく。すぐ近くの食事ができそうな店がまだ開いていたので入った。

注文したカレーを待っていると、隣の席のドイツ人が話しかけてきた。

「今日着いたばっかりなんだけどインド楽しいよな。いいやつばっかりだしさ」とかなんとか言いながら、向かいの席の見るからに調子のよさそうなインド人と瓶ビールで乾杯している。

酒飲むインド人なんかろくなもんじゃない。

インドでは禁酒の州もあるほど飲酒はよろしくない。このすれっからしのインド人はホテルや旅行代理店に外国人を連れていき、マージンをもらう客引きなんだろう。

「空港からのタクシー代、40米ドル払ったんだけどそれって安いよね？」とドイツ人。

インド人にだまされるのは日本人だけじゃないんだな。気の毒というよりもせっかくインドに来て高揚している彼の気持ちをしぼませたくなくて本当のことは言わないでおいた。どの道、彼はこれからインドにボコボコにされるのだ。

「一緒に飲もうよ」と、よいカモが見つかって上機嫌のインド人はしつこかったが、カレーを食べ終わると同時に店を出た。

エロエロドライバーによる誘拐未遂！

これもまたデリーでの話。1週間ほど現地に滞在して毎日空港までタクシーで往復しなければならないことがあった。

しつこいようだがタクシーは動く密室である。

バスや乗り合いなど他の公共交通機関がない場合しか乗らない。もし乗るとすれば、多少割高でもホテルのレセプションや空港のタクシーカウンターに手配させる。万が一さらわれた場合にそなえて、第三者を介入させることでなんらかの記録を残すためだ。

またはは空港の到着口ではなく、出発口で客を降ろしたばかりのタクシーに乗る。だます気満々のタクシーは到着口で待ちかまえているから出発口にはいないのだ。

その日はまだそんなに遅い時間ではなかったので、油断して適当なタクシーに乗った。しばらく走ったところでタクシーは幹線道路をそれた。これは違うところに向かおうとしているな、と感じた。中年で小太りの運転手は「他のホテルに行かないか？」と言ってきた。なんとなくエロエロモードな気がした。これは連れこまれたらやばい。

レイプ大国インドでこっちは外国人で最下層どころかカースト外なのである。当時はデリーで医学生の女性がバスの中で集団性的暴行を受けて重傷を負い、搬送先のシンガポールで亡くなるという痛ましい事件が起こったばかりだった。

業務連絡のために携帯をいじりながら「予約しているホテルに9時までに着かないと日本の勤め先に連絡が行って、明朝会社から日本大使館に連絡することになっている」と運転手に言った。

9時まではあと30分もない。それからまもなくタクシーは幹線道路に戻った。やっぱりどこかに連れていこうとしていたのか。

すでに世界のあちこちでこの嘘《うそ》はつき慣れていた。携帯でどこにでも電話できるというのと、いなくなればすぐに騒ぎになるというアピールはかなり効く。実際に日本大使館のお世話になったことは一度もないが、日本大使館という「紋所」はしょっちゅう使わせてもらっている。

インドでは、インド人のなりふりかまわぬむき出しの感情を四六時中目にする。金銭欲や性欲を、一方的にしつこくゴリ押ししてくるからインド人はうざいのだ。

1947年にイギリスからインドとパキスタンが分離独立して以来、両国はカシミール地方をめぐる領土問題で争っている。インド国内でもヒンドゥー教徒によるイスラム教徒迫害はあるし、根深い女性蔑視《べっし》とカースト外の人々への差別が多発する性暴力の原因になっている。

インド政府観光局のキャッチフレーズは「インクレディブル　インディア〈信じられない〈ほどすごい〉インド〉」。よくも悪くもそのとおりである。

タージ・マハルがあるアーグラ行きのバスの乗り場をマハトマ・ガンディーのような顔をしたお巡りさんに尋ねたときのこと。道を教えてもらったお礼を言うと彼は縦ではなく横に首を振った。それがインド人のイエスなのか！　また目からうろこが落ちた。インドでは一事が万事そんな調子だ。

第5章

ダメな国の法則

空港に着陸するときに滑走路のわきにうっちゃってある古い飛行機が見えたら、ようこそダメな国へ！

スクラップが堂々と空の玄関口の目立つところに捨ててあるなら、そこはダメな国だと思ってまず間違いない。これが到着時にチェックできる**項目その1**だ。

そのように自分なりに編み出したダメな国チェックリストがある。町を散策しながら、いくつあてはまるか観察していくのだ。あてはまる項目が多いほどダメ度が高い。

項目その2　コピー店が多い。本がまだ貴重品なのでコピーですませようとするからだ。コピー機が何台かあり、専属のスタッフがいるようなコピー専門店である。頼めば製本までしてくれる店もある。ダメな国では著作権などあってないようなものだ。道端でコピーCDやDVDを売っている国も似たり寄ったり。

項目その3　薬局が多い。診療代が高くておいそれとは病院にかかれないので、薬でなんとか治そうとするからだ。「BUY1 GET1（一つ買ったらもう一つおまけ）」でサプリメントを安く売っている国では、予防としてそれらが飲まれている。具体的にどこかといえばアメリカである。先進国だからといってダメでないわけではない。海外旅行保険なしでアメリカで緊急入院なんてことになるとえらい目に遭う。アメリカの自己破産の約6割が高額な医療費が原因だ。

項目その4　質店が多い。これに至ってはもはや説明不要だろう。消費者金融が多いのもこの項目に入れてもいいかもしれない。国自体が借金まみれなら、その国民が借金まみれであっても仕方がない。この国にしてこの国民ありだ。ご利用は計画的に。

項目その5　宝くじ店が多い。パチンコ店が多いとか、しょっちゅう闘鶏（立派な賭博である）をやっているとかも、射幸心《しゃこうしん》という意味ではこの項目に盛りこんでもよいだろう。ちなみに韓国と台湾ではパチンコは禁止されている。公営競技として国がギャンブルを先導し、依存者を増やすなど言語道断。宝くじは一攫千金《いっかく》というよりも、「働けど働けどなお我が暮らし楽にならざりちょっとくじ買う」なので、よけいに悲哀が漂う。

項目その6　ビールもしくはワインがべらぼうに安い。国によっては水よりもガソリンよりも安いこともある。そんな国では真っ昼間から酔っ払っていてもさほど罪悪感はない。「これが酔わずにいられるか！」という民意が安酒の値段に反映されているのだ。しかし、そういう国はだいたい治安が悪いので酔いつぶれていると身ぐるみはがれる。日本は4割の酒税が上乗せされてビールは高いが、道端で寝こんだところで無事である。

項目その7　水が高い。水道水が飲めない。水道水が飲めない国に夜中に着いて、ホテルの部屋にミネラルウォーターの備え付けがなかったときの失望感たるや！　あんなにイケてるシンガポールはマレーシアから買っているので水は高い。ボリビアの第3の都市コチャバンバでは水道をアメリカ企業が民営化、値上げしようとして暴動が起きた。日本もボリビアの二の舞となるのか。自国のライフラインを他国にゆだねるのは愚か。

項目その8　トイレが有料。あるいは有料のトイレすらない。有料にしないと便座を設置する費用も掃除する維持費も出ないのだろう。生活手段のない夫を亡くした女性をトイレ係にしてチップをその人の糧とするところもある。有料にしておかないとトイレが犯罪の温床になる国もある。イスラム圏ではトイレがなさすぎてせっぱ詰まった。トイレとして使われるお決まりの場所があり、インドでは小便の川、ボリビアでは小便の池を見た。逆にフィリピンのマニラみたいに、道に垂れ流しの公共立ちしょんブースが町中にあるのもいかがなものかと思う。

項目その9　電線が「地獄結び」。どうしたらこうなるのかわからない、こんがらがった電線。計画性のなさゆえなのか、盗電されまくった挙げ句なのか。まるで鳥の巣のようである。水道管やらガス管やらあっちこっちいじってつぎはぎになったアスファルトの舗装道路も連携と計画性のなさでは同じか。

項目その10　賞味期限切れのものが平気で売られている。スーパーやコンビニでチェックを怠るとババをつかまされる。賞味期限切れでも食べられるならいいのだが、中には賞味期限内なのに腐っている商品もある。要冷蔵の商品を配送車から降ろして再び冷蔵するまでの間が長すぎるか、直射日光にさらされっぱなしなのか。下手すると生鮮食料品売り場に腐臭が漂っていることもある。

項目その11　賄賂を要求されるのが普通。税関職員、入国審査官、警察官、軍人などの公務員が難癖をつけてきて、いわれのない支払いを求められた場合は、領収書が出るかどうか確認すること。領収書が出ない場合は明らかに賄賂。中には賄賂に領収書が出るだけでは飽き足らず、カード払いまでできる腐り切った国もある。その場合はもはや賄賂であって賄賂ではないので、必要経費としてあきらめて払うべし。

項目その12　日常生活に支障が出るほど渋滞がひどい。たとえば首都移転が決まったインドネシアのジャカルタでは、空港から中心まで渋滞のない時間なら車で1時間弱だが、渋滞すると2時間、渋滞にスコールが重なると3時間かかる。大気汚染がひどいベトナム・ホーチミンではカラフルな布マスクをつけている人が多い。かつては自転車大国だった中国も今ではすっかり自動車大国となった結果がＰＭ２・５だ。車の台数と大気汚染は比例する。

項目その13　自給自足率が低い。経済制裁はいわば、兵糧攻めである。まずは自給自足率を上げることが最大の国防だ。地下資源がないのはしかたないとしても、食料を輸入に頼っていては社会主義を貫くこともままならないとキューバやベネズエラで痛切に感じた。

国内に仕事がなく、海外で働いている国民からの仕送りで成り立っている国も、国内の口減らしという意味では同じカテゴライズかもしれない。

項目14　闇両替が横行している。あるいは他国の通貨が流通している。闇両替が横行しているということは、自国通貨を暴落しなさそうな米ドルやユーロに替えておきたいということだ。エクアドルは２０００年の経済破綻以来、米ドルを使っている。ジンバブエもハイパーインフレの末に２０１５年から米ドルや南アフリカランドなどが流通している。自国通貨が不安定な国で料金が米ドルで設定されているなら米ドル払いも可能だ。

項目15　独裁者がのうのうと居座り続けている。これ以上ダメな国はない。民主主義が完全に死んでいる。こうなると独裁者の一存で憲法が改悪され、血税が他国にばらまかれ、領土をみすみす明け渡し、国民を見殺しにすることになる。

こういう国は政府に不利になるデータを改ざんするなり破棄するなりして正しいデータを公表せず、国民から判断材料を奪おうとする。そもそも国民に自分の頭で判断できる教育をも与えない。これは北朝鮮などの社会主義国だけでなく、民主主義をうたう極東の島国でも現在進行中だ。井の中の蛙《かわず》は世界中から嗤《わら》われていることにさえ気がつかない。

これ以外にもブロッコリーをほどよくゆでられない国とか、ポテトチップス一袋を一食と見なす国とか、便座がなくて中腰で用を足さねばならない国とか、いろいろ項目は尽きないが今日のところはこのへんで。

幸いにして15項目すべてにあてはまる国にはまだ行ったことがない。

逆にイケてる国には、書店と生花店とカフェが多い。経済が発展するにつれて、化石や遺跡などの歴史的新発見が増え、テニスやゴルフ、フィギュアスケートなどのお金がかかるスポーツの強豪選手が表舞台に現れる。

近頃はどこでも世界的なチェーン店ばかりが軒を連ねて、都市はどこも代わりばえしなくなってきた。グローバリゼーションというやつである。

おわりに

テレビ番組『世界の果てまでイッテQ！』で世界を飛び回っている珍獣ハンター・イモトアヤコも持っているプレミア1Kカードを持っている。プレミア1Kカードとは、ユナイテッド航空のマイレージプログラム、マイレージプラスの最上級会員が持っているカードだ。

これを持っていると、まずユナイテッド航空の、ユナイテッド航空が加盟するスターアライアンスの、そして、スターアライアンスに加盟する他の航空会社のラウンジがどれでも使える。

時間があるならラウンジのはしごもできる。ラウンジではビュッフェスタイルで食事をしたり、バーカウンターでお酒を飲んだり、シャワーを浴びたりできる。もちろんすべて無料だ。

ユナイテッド航空のラウンジはどこの空港も、本拠地のアメリカ本国でさえも大したことはないのだが、ロサンゼルス空港のスターアライアンスラウンジには、天気がよい日にもってこいのルーフトップバーがある。

ルフトハンザドイツ航空の本拠地フランクフルト空港のセネターラウンジでは、熱いシャワーをゆっくり浴びた後にグッドナイトチョコが枕元に置かれた仮眠用のベッドでゆっくり休める。

極めつけはトルコ航空の本拠地イスタンブール空港のラウンジ。２階建てのだだっ広いラウンジは、ビリヤードやらゴルフシミュレーターやら暇つぶしには事欠かず、豊富な種類のチーズやオリーブ、温かいトルコ料理や菓子などがタイミングよく提供され、今まで行ったラウンジの中ではぶっちぎりで豪華だった。２０１９年４月に新空港に移転してさらにグレードアップしたに違いない。次のイスタンブールでの乗り継ぎが楽しみだ。

スターアライアンス、スカイチーム、ワンワールドの三大アライアンスの合計マイレージは２００万マイル超え。長年、最上級会員であるユナイテッド航空の貯《た》まっているマイレージは常に１００万マイル以上。生涯総飛行距離（ライフタイムマイル）はすでに70万マイルを超え、１００万マイルを超えるミリオンマイラーへの王手がかかっている。

ミリオンマイラーになると一生ステータスが保たれる。まったく搭乗しなくても生涯プレミアゴールド会員としての特典が受けられるようになる。さらに２００万マイルでプレミアプラチナ、３００万マイルでプレミア１Ｋ、４００万マイルでグローバルサービスと、よりグレードアップした特典が獲得できる。

そういえば、ライフタイムマイル１０００万マイルに到達して、世界で唯一チタン・ユナイテッド・マイレージプラスカードを持っている人が2011年に現れた。
30年で6000回も世界を飛び回ったその人は、シカゴ在住の自動車業界コンサルタントだ。6000回のうちの60回は妻との海外旅行ということだが、こうなると家で過ごす時間よりも機内にいる時間のほうが長いんじゃないだろうか。映画のリアル『マイレージ、マイライフ』である。

貯まったマイレージは特典航空券に引き換えられる。たとえばユナイテッド航空なら同じスターアライアンスの全日空の国内線が片道5000マイルで引き換えられる。つまり、全日空が飛んでいるところなら日本国内どこでも100万マイルあれば100往復できる。

他にもマイレージを使って、ホテルに宿泊したり、レストランで食事をしたり、買い物をしたり、レンタカーを借りたりもできる。電子マネーや他のポイントに交換もできる。

出張には通常エコノミークラスを使うのだが、ユナイテッド航空では1K会員はビジネスクラスとエコノミークラスの中間の足元が広い座席、エコノミープラスに自動的にアップグレードされる。またアメリカ国内線とアメリカからの中距離便もビジネスクラスに自動的にアップグレードされる。毎年付与されるアップグレード権を使えば、フルフラットシートのビジネスクラスにいつでも乗れる。チェックインも保安検査も搭乗も優先されるので長蛇の列に並ばなくてすむ。預けた荷物も到着時に優先的に出てくる。

ちょっと怪しい響きをおもしろがって「運び屋」と呼んでいるが、正しくは「ハンドキャリー」という職業だ。ちょっと前までは「クーリエ」と呼ばれていた。バイク便のバイクの代わりに国際航空便で超急ぎの荷物を海外に配達するといえばわかりやすいだろうか。輸出入の通関手続きをし、関税を支払い、ビジネスビザで渡航する完全に合法の運び屋。そんな都市伝説みたいな商売がこの世には存在するのだ。

運び屋としての年間渡航回数は35回前後。年に3、4ヵ月は海外にいる。行先はアメリカとメキシコが多い。タイに一週間に3回、メキシコに一週間に2回、飛んだこともある。近場の中国、韓国、フィリピンは日帰りが当たり前。10年ほど前の一時期、バブルに沸く中国には3日に2回ほど通っていた。朝にアメリカから成田空港に帰ってきて、その日の夜にカナダへ羽田空港から飛んだこともある。週末だけ帰国して洗濯しながら、2ヵ月間ロサンゼルスに滞在したこともあった。

この仕事をしていると、最新の映画が年間100本は無料で見られる。特に全日空は日本未公開のインド映画と韓国映画が豊富なラインアップで、寝る間も惜しんで見続けてしまう。私のような映画好きにとっては飛行機は飛ぶマンガ喫茶だが、海外出張が多い飲兵衛の友達に言わせれば、空中居酒屋だそうだ。

運び屋の同僚は時間に融通が利く自営業で兼業している人が多い。ホームレス、画家、写真家などの個性的な人もいる。中には某有名歌手の新恋人？　として週刊誌をにぎわせた人もいた。いったん正社員になったのだが、海外よりもオフィスワークが多いのは不本意と、またハンドキャリーに戻った元公務員もいる。英語に加えて、中国語、韓国語、タイ語、ポルトガル語が堪能なスタッフもいる。とはいえ、よほど荷物が多くないかぎりは一人で出張することがほとんどなので同僚と顔を合わせることはめったにない。

世の中にはステータスの取得や維持のために身銭を切って飛行機に乗りまくる「マイレージ修行僧」もいるわけで、それを思えばお金をもらいながらマイレージをためられる「運び屋」の仕事はありがたい。ただいつものことながら閑散期と繁忙期の差がありすぎるのと、あまりに直前にいきなり指令が下るのは、なんとかならないものかとちょっと思う。

毎度超急ぎのブツを運ぶため、いつどこに飛ぶかわからないのが運び屋稼業の常である。そんな地に足がつかない生活をもう13年以上続けてしまった。朝起きられないので普通の会社勤めとかは絶対に無理なのに、これだけ飛んでいて飛行機に乗り遅れたことはただの一度もない。我ながら運び屋に向いていると自負している。今日も明日どこにいるかはまだわからない。

もっと詳しく知りたい人にオススメの本と映画

・フィリピン
『日本を捨てた男たち フィリピンに生きる「困窮邦人」』 水谷竹秀 集英社
・インド
『インドで「暮らす、働く、結婚する」』 杉本昭男 ダイヤモンド社 ※インドの師匠の著作。
・スペイン
『聖地サンティアゴ巡礼 増補改訂版』 NPO法人日本カミーノ・デ・サンティアゴ友の会 ダイヤモンド社
・グアテマラ
『グアテマラの弟』 片桐はいり 幻冬舎文庫
・アルゼンチン
映画『ローマ法王になる日まで』（監督）ダニエーレ・ルケッティ
・メキシコ
『メキシコ料理大全』 森山光司 誠文堂新光社
・ペルー
映画『料理人ガストン・アクリオ 美食を超えたおいしい革命』（監督）パトリシア・ペレズ
・ラテンアメリカ全般
『岩波アメリカ大陸古代文明事典』 関雄二 青山和夫 岩波書店
『モーターサイクル・ダイアリーズ』 エルネスト・チェ・ゲバラ （訳）棚橋加奈江 角川文庫

デザイン・レイアウト　三橋理恵子（Quomodo DESIGN）
イラスト　まえだなをこ
校正　小森里美

食《た》べた！　見《み》た！　死《し》にかけた！
「運び屋女子《はんどきゃりーじょし》」一人旅《ひとりたび》

2019年8月6日　第1刷発行

著　者　片岡恭子《かたおかきょうこ》
発行者　渡瀬昌彦
発行所　株式会社　講談社
〒112-8001　東京都文京区音羽2-12-21
販売　TEL03-5395-3606
業務　TEL03-5395-3615
編　集　株式会社　講談社エディトリアル
代　表　堺　公江
〒112-0013　東京都文京区音羽1-17-18　護国寺SIAビル6F
編集部　TEL03-5319-2171
印刷所　半七写真印刷工業株式会社
製本所　株式会社国宝社

ISBN978-4-06-516840-0